コヘレトの言葉

人生を生きよ

ヴァルター・リュティ［著］
宍戸 達［訳］

新教出版社

Der Prediger Salomo lebt das Leben

Eine Auslegung für die Gemeinde

Walter Lüthi

Verlag Friedrich Reinhardt AG. Basel, 1952

Japanische Übersetzung
von Tatsu Shishido
2023
Shinkyo Shuppansha, Tokio

はじめに

赤いベレー帽をかぶる人

「コヘレトの言葉」の講解第二章に、ルターは次のように書いています。「ツヴィングリは、スイスの同胞たちに、赤いベレー帽ではなくて灰色の帽子をかぶらせている」と。前後の続きぐあいからすると、この言葉は、ツヴィングリのいるチューリヒの町の生活がある時期きびしい道徳令によって重苦しくなっているのを、やんわりと批判して語られたものです。ルターが言おうとしたような意味での赤いベレー帽は、キリスト者の生活ではなくてならないものです。教会の生活においては、どんな事情があっても晴れ着を手放してはなりません。喜びには、それにふさわしい場所と時期があるものです。人びとから赤いベレー帽をとり去ったり、灰色一色の装いでおきかえてしまったりすることは、おそらく、教会の主であられる方の御心ではないでしょう。この赤いベレー帽と灰色の帽子について述べられたルターの言葉を、コヘレトの言葉の講解を続けている間、わたしはしばしば思い出していました。実のところ、わたしにとっては、コヘレトという人は、赤いベレー帽をかぶった人物のように思えるのです。すなわち、灰色の生活、そして、しばしば真っ暗闇になってしまう日常生活のただなかで、いつも灰色の帽子を脱いで赤いベレー帽を愛用する人物です。ですから、この書をひもとくにあたって、わたしは、しきりに、どこか青年期や老年期のレンブラントの自画像をほうふつさせられるものを感じたものです。そうです、とくに奇妙な表現を用いることを恐れさえしなければ、わたしはどんなにか、この講解全体の表題を「赤いベレー帽をかぶる人」としたかったことでしょう。専門家の人たちが言うように、みずから筆をとってこの書物を書いたのがソロモン王その人でないとしても、この無名の著者が本名を隠し、ほかならないソロモンの名を用いたのは、必ずしも偶然ではありません。事実、沈んだ響きのみ多い各章のなかに、まことにソロモンらしいひときわ鮮やかなものが、くりかえし、輝き出ています。この著者が、灰色ばかりが目立つ人生との戦いを、慎ましやかに、また、落ち着いて引きうけたということ、そして、旧約の民から受け継いだ信仰の基盤に立って忍耐強くこれに耐え抜いたということ、これらのことについて、われわれは今日、彼に二重の感謝をささげずにおれません。たとえコヘレトが最後の答えを与えはしなかったとしても、実際、彼はわれわれを導いて、否むしろ駆り立てて、たえず新たに、かの場所へ、すなわちキリストが道であり真理であり生命であるような場所へともなっていってくれたのです。けれども、そのことはまた、旧約聖書全体がもっている変わることのない、しかも過小評価されてならない務めでもあります。

次の点を明記するのは、けっして無用ではないと考えます。この解き明かしの試みは、なにもかも、教会の礼拝がもとになって生まれたのだ、ということです。たとえば、ルター訳の聖書がテキストになっていることもそのためです。それに加えて、そもそも、この書物を講解したいとの希望が芽生えたのは、一九五一年の夏、ある所に招かれて滞在し、説教の奉仕にたずさわった時のことでした。ベルン州フライベルク地方の、セーネレジールの小さな教会で、その教会の牧師が聖日礼拝の折に「コヘレトの言葉」のなかの数節をもとにして説教しました。その説教をうかがって以来、わたしには、引き続いてこの書物を全部読み通してみたいとの気持ちがおこりました。それは、初めのうちこそややためらいがありましたが、後には喜びとなりました。自分の担任する教会に戻ってのち、その読書の結果として、聖日礼拝の説教でこの書を講解するということになったのです。そういうことの成り行きを、わたしは一つの贈り物と感じています。ですから、ここに収められた十二の説教は、ほとんどここに載せられているままのかたちで、一九五一年八月から一九五二年七月にかけて、ベルンのミュンスター教会で語られたものです。こうした事情のもとでは、場合によっては、ふつうの学問的成果は背後にかくされなければならないものですが、その道に明るい人ならば、おそらく、この説教のこかしこで、現在手にしうる文献に十分に目を通した跡を認めてくださるでしょう。いずれにしても、教会の兄弟姉妹がたが最初から最後までこの説教と共に歩んでくださる様子をまのあたりにしたことは、わたしにとって嬉しい贈り物でした。神の御言葉を講解するにあたって、贈り物でないようなものは果たしてあるのでしょうか。

「コヘレトの言葉」の書をていねいに調べはじめてみて、この聖書のなかの一書があらゆる時代の人びとにとって非常な魅力であったことを知り、すくなからず驚きを覚えました。もちろん、ほかならないこのコヘレトの言葉において、われわれは、自分たちの知識が一部分でしかないことを、はっきり思い知らされます。教父ヒエロニュムスは、コヘレトのなかに、腐敗した世界から逃避するための手引きを読み取りました。コヘレトの言葉について細やかな注解書をあらわしたマルティン・ルターは、それとは逆に、この書のなかに、世界を善く用いるための手引きを見てとりました。ルターが、一時、コヘレトを一種の「帝王学の手本」とみなしたことは、単にいっときの時代にだけ当てはまることではないでしょう。うたがいもなく、ルターはコヘレトの心の内を正しく読み取っていたのです。エーティンガーやキルケゴールのような思想家は、コヘレトによって大いに教えられました。詩人たちのなかにも、いたるところで明らかにコヘレトの影響を受けたふしのうかがえる人びとがいます。マティアス・クラウディウス、ゲーテ、エドゥアルト・メーリケなどの名を挙げることができます。けれども、なかでも、ヨーロッパの反対論者たち、たとえばフリードリヒ大帝、ヴォルテール、ハインリヒ・ハイネ、エルネスト・ルナンなどの人びとは、まるで、ある画家たちがマグダラのマリア、つまり大罪を犯したあの女性に示す関心そのままに、この聖書のなかの書物に対して異常な関心を寄せています。あきらかに、彼ら自身の思想がここで聖書的に基礎づけられるかのように思い込んでのことです。けれども、この講解によって明らかなように、それはまったく根拠のないことです。比較して言えば、新約聖書の黙示録に臨んだような運命が、このコヘレトの言葉にも臨むのです。黙示録については古くからいろんな種類の分派の人びとが執着してきましたが、それに対して、旧約聖書の「コヘレトの言葉」については、いつも否定の立場に立つ人びとが強い魅力を感じるのです。以下における解き明かしの試みは、聖書そのものによって聖書を解釈し、――旧約と新約の――聖書全体によってコヘレトの言葉を理解しようと努めた点に特徴があります。では、いよいよ、「赤いベレー帽をかぶる人」自身に語らせましょう。もしも、いたるところにおいて、読者が灰色の帽子を脱ぎ捨てて、この時代の荒野のただなかにあって、コヘレトをとおして祝日の備えをし、食卓を整えるというようなことが起こるならば、それもまた、一つの贈り物なのです。

ベルンにて　一九五二年八月

著者

目次

装幀　クリエイティブ・コンセプト

ヴァルター・リュティ

コヘレトの言葉

講解説教

第1章

コヘレトは言う、一切は空《くう》である

ダビデの子、エルサレムの王、コヘレトの言葉。

コヘレトは言う。空の空、空の空、一切は空である。

太陽の下、なされるあらゆる労苦は人に何の益をもたらすのか。一代が過ぎ、また一代が興る。地はとこしえに変わらない。日は昇り、日は沈む。元の所に急ぎゆき、再び昇る。南へ向かい、北を巡り、巡り巡って風は吹く。風は巡り続けて、また帰りゆく。すべての川は海に注ぐが海は満ちることがない。どの川も行くべき所へ向かい、絶えることなく流れゆく。

すべてのことが人を疲れさせる。語り尽くすことはできず、目は見ても飽き足らず、耳は聞いても満たされない。すでにあったことはこれからもあり、すでに行われたことはこれからも行われる。太陽の下、新しいことは何一つない。見よ、これこそは新しい、と言われることも、はるか昔、すでにあったことである。昔の人々が思い起こされることはない。後の世の人々も、さらに後の世の人々によって思い起こされることはない。

私コヘレトは、エルサレムでイスラエルの王であった。天の下で起こるあらゆることを、知恵によって探求しようと心を尽くした。これは神が、人の子らに与えて労苦させるつらい務めであった。私は、太陽の下で行われるあらゆる業を見たが、やはり、すべては空であり、風を追うようなことであった。曲がったものはまっすぐにならず失われたものは数えられない。私は心にこう語りかけた。「私は、かつてエルサレムにいた誰よりも偉大になり、多くの知恵を得た」と。私の心は多くの知恵と知識を見定めた。知恵を一心に知ろうとし、また無知と愚かさを知ろうとしたが、これもまた風を追うようなことだと悟った。知恵が深まれば、悩みも深まり、知恵が増せば、痛みも増す。

この十二の章をあらわした人は、自分を、「ダビデの子、エルサレムの王、コヘレト」(一節)と紹介します。たとえ彼がどのような人物であったとしても、かりに歴史上のソロモン王と何らかの関係があったとしても、——次の一つのことは、たしかです。すなわち、ここでは神を信じている人が語っている、という一事です。エルネスト・ルナンは、コヘレトは「ここで、もっとも幅広く、もっとも人生に密着して、そして、もっとも率直に、懐疑論を展開している」と述べましたが、それはきっと正しいことではありません。コヘレトは、フランツ・デリッチが評するように、「自分の体験によって、人生のあらゆる面に通じた、世慣れた人」です。けれども、彼は、信仰に生きつつ、世慣れた人なのです。この一風変わった聖書の書物を書いた人は、事実、ハインリヒ・ハイネが推測するように「懐疑の歌」を書いたのではありません。そうではなくて、むしろ、この書は、神を畏れる歌と呼ばれるべきものでありましょう。コヘレトは、この第一章において、たしかに、太陽の下にあるすべてのものは空しく、また、人間には労苦のみ多いことを、明確に語ります。しかし、――神との関係において、それを語ります。「人の子らに与えて労苦させる」(一三節)のは、神であると。懐疑家はこのようには語りません。根本的懐疑論者はこんなふうには語りません。神！　いまご一緒に開いているこの書物のなかには、神の御名が三十七回も挙げられています。この事実は、この書をひもとく時、一語ごとに心得られているべきです。コヘレトの表現を借りれば、「すべては空であり、風を追うようなことであった」(一四節)というほどに、この世は完全に楽園であることをやめています。けれども、すべてがまさにこういう状態にあるのは、決して偶然のせいではありません。神を信じる者は、――そして、コヘレトもそのひとりです――、世界のこういう重苦しい状態を、何かまったく知解しがたいもの、すなわち謎めいた偶然や、不透明な運命や、あるいは宿命的事件の機械的連続のようには考えず、また同時に、そのようには取り扱いません。ここでは、神の御意思《みこころ》が働いているのです。神がこういう「つらい務めを与え」ておられるのです。――だが、まさにそのことを通して、読者は次のことを思い起こさなければなりません。すなわち、この大地やわれわれ人類は、神の大地であり神の人類であるゆえに、かつての日々は好ましい経験を与えられていたのであった、ということを。地上におけるわれわれの存在がいまこのようにも不幸なものとなりはてたことには、明らかに、その理由と意義《わけ》があったのです。したがって、ここで語られるコヘレトの言葉は、虚しさや疑いから洩れ聞こえるのではなくて、信仰から出ているのです。たとえ、世界と人間に関するこの冷徹な観察者の言葉が、この書物を読むにつれて、われわれを悩ませ驚かすようなことがあっても、――三十七回にもわたって、さながらトンネルの内にともる信号灯のように、神の御名がわれわれの前に次から次へと現れるのです。もちろん、それは、われわれが愛し、われわれが理解している神の御名とはちがっています。いいえ、コヘレトは、いつも隠されている神、すなわち、「人の子らに与えて労苦させる」神を、信じているのです。

さて、そこでわれわれは、その第一章の内容をもう少し詳しく見てみましょう。著者はまず、次のような断定の言葉をもって書き始めます。「コヘレトは言う。空の空、空の空、一切は空である」（二節）。マルティン・ルターは、同時代の人びとにすでに意味が通らなくなっていたこの言葉を、次のように説明しました。「空《くう》、それはわれわれのドイツの言葉でいえば、――なにも無い、ということである」と。したがって、われわれの言葉に直せば、次のようになるでしょう。「いっさいは、まったくむなしい、コヘレトは言う、いっさいは、まったくむなしい」と。次いで、コヘレトは、それに続けて、次のような根本的問いを投げかけます。すなわち、このような事情のもとにあって、地上のわれわれの人生、そのいっさいの行動には、いったい、なおどんな意味があり益があるのだろうか。ゆきつくところ、この地上で生きながらえるということは、なんの役に立つのだろうかと（三節）。それに次いで、さらに、いくぶん回りくどいが、しかしたいへん明瞭な答えが続きます。――世代は去り、また別の世代がやってくる。太陽は昇り、また沈む。風は、大きく旋回し、ふたたびもとに巡り来る。水は海に流れ注ぐ。だが、満ちることはない。なぜなら、水は海からたちのぼり、そして、海へと回帰するのだからと（四－七節）。いっさいのものの運行は単調であり、初めもなければ終わりもありません。そして、著者が人間の歴史に目を転じる時、そこでもまた、彼は同様の単調さに出会います。――過ぎゆくものは、未来をもたらす。けれども、これこそ未だかつて存在しなかったものだと言い張っても、それはその人が生まれるより遥か以前に、他の人が考え、語り、行ったことなのだ。「すでにあったことはこれからもあり、すでに行われたことはこれからも行われる。太陽の下、新しいことは何一つない」（八－一一節）。したがって、人びとが好んで「進歩」と名づけるものもまた、存在しません。つねに新しいもの、最新のものだと言い張っても、古い世界は全体として同じままにとどまるのです。「曲がったものはまっすぐにならず、失われたものは数えられない」

〔一五節〕。ということは、不完全なものは不完全なままにとどまり、この世は曲がったままだ、ということです。そこで著者は語ります。「私は、太陽の下で行われるあらゆる業を見たが、やはり、すべては空であり、風を追うようなことであった」と〔一四節〕。ここのヘブル語原文には風変わりな表現が見られます。つまり、元来は、風を飼う、風を養う、です。――あたかも、風を柵の中に入れて飼育できるかのようです。童話にはウサギをそのようにして飼う話はあります。とても詩的とは言えませんが、平生、われわれは、「飼わねばならぬノミがいっぱい入っている袋」〔「そんなことまっぴらごめんだ」の意〕などという表現を用いています。コヘレトが「風を追う」と語ったのは、たまたまそう言ったことかもしれません。かつて、あの方は語られました。「風は思いのままに吹く。あなたはその音を聞いても、それがどこから来て、どこへ行くかを知らない」〔ヨハネ三・八〕と。風を追う、なんと空しい企てでしょう。いっさいは空です。そして、「空、それはわれわれのドイツの言葉でいえば、――なにも無い、ということである」。空虚ノナカノ空虚。――「むなしい空虚、コヘレトは言う、むなしい空虚、いっさいは空である」〔W・ヴィシェル訳〕。

けれども、ついにこういう結論に達したこの人物は、神を信じています。こういう、なんともわびしい、やりきれない生涯を与えられたのは、神なのです。大地を、空気を、海をつくられたのは、神なのです。そして、この神は、苦悩と矛盾のなかに在るわれわれ人間の上にも、主であられます。たしかに、人間は自分の肌の色を変えることはできません。誰も、自分の影から離れ去ることができません。人間は、結局、人間です。ですから、人間関係というものも、その根本においては、ほぼ同じようなものです。しかし、あくまでも人間が人間であると同様に、あくまでも、神も神であられます。そして、自分は生涯を通して「コヘレト」の書物に取り組んでいると語ったルターは、正しくもここで次のように説明するのです。たしかに、人間を見るかぎりは太陽の下に新しいものはない！　だが、新しいことが、いつも神の側から起こってきている、と。太陽の上には新しいことがあり、そして、そこから絶えず新しいことがこの古い世界の中へと突入してきます。「主の慈しみは絶えることがない。その憐れみは尽きることがない。それは朝毎に新しい。あなたの真実は尽きることがない」（哀歌三・二二―二三）と述べられている通りです。たしかに、われわれは楽園からは追放されました。コヘレトはそのことを承知しています。けれども、彼はまた、神がその子らを楽園の外に放置して、たたずみ、横たわるままにしておかれないことも、知っています。かの時以来、神は楽園を追放された者のために尽きることなく配慮し、御父としての慈しみをもって保護しておられます。

一つのことを、もちろんコヘレトは知らずにいます、——それを知ることができないでいます、——すなわち、神御自身は太陽の上に留まったままでおられない、ということです。神御自身は太陽の下に降られ、ここで御業を行ない、そして、「人の子らの労苦とつらい務め」を引き受け、これを担われました。しかし、もし神御自身が、この地上で汗して働くことを良しと認められるのでないなら、誰かがやってきて、地上のわれらの労働は無意味であり無益である！　と叫ばずにいられないでしょう。神御自身は、その聖なる御判断《みこころ》をもってこの地上の労苦を有用なものと認め、それゆえに、御自ら地上の労働に参加なさいました。そして、われわれはそれによって、思いがけず、キリスト受肉の秘義に直面するのです。キリストが、この世界に、すなわちコヘレトの目に映ったような世界に降られ、そして、人間性をその身にまとわれました。この事実にまさって、包括的で根本的な、世界の肯定、人生の肯定はありません。それによって神は、この世界と人類に対して、聞き逃すことのできない・一回限りの・取り消しがたい然《しか》りを、宣言なさいました。キリストの来臨によって、先にコヘレトが得たような認識が無効になったり、あるいは、否定されたりするのでは決してありません。コヘレトが、預言者的単調さをもって、煩わしいまでに、そうです、ほとんど嫌になるほどに、終始語り続けたあの事柄は真実《まこと》なのです。「むなしい空虚、コヘレトは言う、むなしい空虚、いっさいは空である。」キリスト御自身が、すなわち、新しいことを最後的に太陽の下に定着させせられた方が、キリスト無き人間の状態を、まさにそれと同じようにみておられます。イエスは、あのぶどうの木とその枝に関するたとえで、なぜ六度までも「私につながっていなさい」と繰り返されたか、その理由を御存じです。つながっていなさい、つながっていなさい。つながっていなさい！　イエスは言われます。「私につながっている人は、実を豊かに結ぶ」。そして、さらに続けて言われます。「私から離れては、あなたがたは何もできない」――何も！（ヨハネ一五章）。人はキリストを抜きにして多くのことを行ないます。けれども、そこには死の徴候が隠されています。虚無の病原菌が、です。キリストを離れては、「コヘレトが言う」事柄はあまりにも真実です。――

そうです、事実、世界や人間については、コヘレトとは逆に、神の側からでなく、考察することも可能でしょう。あえて神を考慮のうちに入れずに、世界像や人間像を追求することも可能でしょう。これを人びとは「世界観」と名づけ、あるいは、いくぶん現代風に、「時代分析」などという言葉で呼びます。神を畏れるこの人物とちがって、人びとが神を抜きにして世界や時代を見る時に、それがどんな風に見えるものなのか、ちょっと考えてみることも、必ずしも興味のないことではないでしょう。彼らのそうした試みは、しばしば、われわれ人間が流行や気質や年齢によって、あるものをバラ色と見たり、あるいは灰色と判断したりするのと同じように、いろいろと変わるものです。普通、若い時分には実際以上に事柄を都合のよいように解釈し、年齢が進むとその逆の解釈をしがちです。人は、ある時には楽観的に、美しく考え、ある時には悲観的に、憂鬱に考えてしまいます。それは単に一個人についてだけでなく、世代、民族、時代についても観察できることです。そうです、同じひとりの人間が、世界観や時代分析の変遷につれて、その両方のことを二転、三転して経験するのです。それほど古いことではありませんが、ある神学校の教授が学生たちに向かって、肩の凝らない集会で、この楽観論と悲観論の違いについて次のような寓話をもって説明し、大いに拍手を浴びた時がありました。すなわち、クリームつぼの中に、同時に二匹のカエルが落ち込んだ。一方のカエルは、「落ちてしまった、落ちてしまった」と叫んで、クワックワッと鳴き始めた。そして、ミルクの中でみじめに死んでしまうまで、そのように鳴き続けた。このカエルは悲観論者であった。しかし、もう一方のカエルは、四本の足を使って一生懸命につぼの中をぐるぐると回り始めた、そして、ミルクはついに凝固してバターになった。そして、見よ、この楽観論者のカエルは、その小さな四つ足のたすけをかりて活動した末、「成功者」になったのであると。——その当時の世界観が、まさに楽観主義的潮流に乗っていたために、われわれは、どろどろしたミルクをバターに変えた働き者のこのカエルの中に、自分自身の姿を見て喜んだのでした。そうした世界観がやがて波の谷間に落下する日が近いことを予想した人は、当時、ほとんどいませんでした。けれども、やがて時代が変わって、バターよりも大砲が大切になり、つぼの中にはもはやクリームがなく、あるいは、ミルクは水っぽくなり、どんなに掻き回してもバターにならないという時代がやってきました。そして、やがてわれわれは、世界観的関心のもとに、オズワルド・シュペングラーの『西欧の没落』を読みました。当然のこと、彼の言うところは、すべての悲観論者と同じように、何もかも正しく、恐ろしいまでに正しかったのです。また、これはちょうど小学校三年生の学期末試験が行われる時期で、教科書にざっと目を通していた時のことです。先生はこの十歳の子どもたちに人間の住居について教えていました。第一頁には穴居生活者のことが書いてあり、第二頁には杭上家の住民についての説明されていました。それから、だんだん、家々は高くなっていって、ついには快適な個室の住まいへと変わっていきます。ところが、突然に、それが貸アパートへと転落し、最後の頁には、ひとりの人が両手で頭をかかえこんで、防空壕の中でうずくまっている姿が書いてあったのでした。今日のわれわれは、その世界観について言えば、うたがいもなく、悲観主義的であって、窓のない防空壕の中に坐っているようなものです。このような時代であってみれば、神様が太陽を照らしてくださるのに、誰も彼もが黒メガネをかけるのが一般的流行になっているというのも、偶然ではなく、まさに象徴的なことと思えるのです。

しかし、コヘレトは、楽観的世界観の持ち主でも悲観的世界観の所有者でもありません。彼はひとりの信仰者です。彼はこの世の苦悩や、人間の悲惨という経験を通して、どんな悲観論者も考え及ばないほど根本的にこの世を見ています。すなわち、彼は信仰者として、罪の事実をはっきり見ています。彼は、率直かつリアルに、人間が罪人であることを知っています。人間が罪を犯しがちで悲惨であることを指摘する点で、悲観主義者の世界観にも、ごくわずかな真理があります。けれども、信仰者は、けっして皮相的な悲観論者に堕しないどころか、楽観論者の大胆な夢をも凌ぐひとつの秘義を知っています。信仰者は、物事の黒白のかなたを知っています。神を知っています。そして、信仰者は、その神の慈しみの御手によって、「苦しい仕事」と、言い尽くしえない喜びとを、与えられるのです。それが信仰です。信仰者は、いっさいの悲観論者にまさって、より深く知り、また同時に、いっさいの楽観論者にまさって、より大きな慰めをもつのです。この章全体にわたって、物事の黒白のかなたにおられる神を信じる、「コヘレト」が立っています。神から出ないものは、いっさいが空です。けれども、神においては、いっさいが意味をもちます。太陽の下には新しいものはありません。けれども、神においては、次のように告げられます、「見よ、私は万物を新しくする」（黙示録二一・五）。

　本章の最後のところで明らかなように、コヘレトがしなかった一つのことがあります。信仰者であるがゆえに、彼はそれをしませんでした。すなわち、この世には悲観主義に傾斜する苦しみを、かえって楽しむという人間がいるものです。不思議にも、人間は単に日の出を歓迎するだけでなく、日の入りをも愛でるのです。カビの生えたチーズをこよなく好む人がいるように、「西欧の没落」に快感を感じ、これを楽しむ人がいるのです。かつてネロ皇帝が永遠のローマの大火を眺めつつ竪琴を引いたように、人間は没落を好むのです。まさに、没落、破滅、虚無の哲学があり、文学があります。実存論的哲学――コヘレトはそれには手を付けませんでした。彼は、この古く、痛ましい世界からうける印象について、深く考え、しかも深く考えました。ゲーテが、「哲学、法学、医学を学び、そして、遺憾ながら、神学までも『はげしく骨折って』学んだ」というとき、この詩人はその『激しく骨折って』という言葉を、コヘレトの書物を読むことによって学んだもののようです。いずれにせよ、コヘレトはどんなに深く考えても心体まることがありません。けれども、驚くべきことに、それでいて彼は虚無の哲学を発展させるようなことはしません。彼の目には、すべての行いだけでなく、考えることもすべて空でした。すなわち、いかなる「世界観的省察」も、また、エルサレムの立場からするいかなる時代分析も、空であったのです。「私は心にこう語りかけた。『私はかつてエルサレムにいた誰よりも偉大になり、多くの知恵を得た』と。私の心は多くの知恵と知識を見定めた。知恵を一心に知ろうとし、また無知と愚かさを知ろうとしたが、これもまた風を追うようなことだと悟った」(一六―一七節)。

けれども、決して彼は、われわれが何事をも知ることができないと、考えるのではありません。われわれはどんな事情のもとにあっても、われわれの知識を広げることはできます。けれども、たとえ知識がわれわれをどんなに富む者にし、また、おそらくは多くの事柄を可能にならしめようとも、次の一事を可能にすることができないのを、コヘレトは知っています。すなわち、知識は人間を幸福にすることができない、という一事です。知識は、と最後にコヘレトは語ります。知識は、われわれを老けさせ、疲れさせる。そして、絶えず憂いを増させ、われわれを早熟な子どものようにこましゃくれた人間にしてしまう、と。それゆえ、コヘレトは「悩まないですむ」ということのなかに、ちょっぴり真理を見出します。それで、最後に、彼は彼自身のその深い知恵について次のように述べるのです。「知恵が深まれば、悩みも深まり、知識が増せば、痛みも増す」(一八節)。だが、こうした深い洞察にもかかわらず、コヘレトがなおも激しく考えるのを止めないのは、結局は、彼の信じる神が彼に理性を与えておられることに思いを馳せればこそ、です。この理性の使用については、のちに（第一〇章）もっと彼から聞かされることになります。

第2章　さあ、喜びでお前を試そう、幸せを味わうがよい

私は心の中で言った。「さあ、喜びでお前を試そう。幸せを味わうがよい。」しかし、これもまた空であった。笑いについては、「馬鹿げたこと」と私は言い、また喜びについては「それが何になろう」と言った。

私はぶどう酒で体を元気づけようと心に決めた。私は知恵によって心を導くが、しかし、天の下、人の子らが短い生涯に得る幸せとは何かを見極めるまで、愚かさに身を委ねることにした。

私は事業を広げ、自分のために邸宅を建て、ぶどう園を造った。庭園や果樹園をしつらえ、あらゆる果樹を植えた。池を掘り、そこから水を引いて木々の茂る林を潤した。私は男女の奴隷を買い入れた。家で生まれた奴隷もいた。かつてエルサレムにいた誰よりも、多くの牛や羊の群れを所有した。自分のために銀や金、王たちと諸州の財宝を集めた。自分のために男女の歌い手をそろえ、人の子らが喜びとする多くの側女を置いた。かつてエルサレムにいた誰よりも、私は偉大な者となり、栄華を手に入れ、知恵もまた私にとどまった。目が求めるあらゆるものを私は手中に収めた。私はすべての喜びを享受し、心はすべての労苦を喜んだ。これがすべての労苦から得た私の受ける分であった。だが、私は顧

みた、すべての手の業と労苦を。見よ、すべては空であり、風を追うようなことであった。太陽の下に益となるものはない。

また、私は顧みて、知恵と、無知と愚かさを見極めた。王を継ぐ人が、すでになされたことを繰り返すだけなら、何になろうか。私の見たところ、光が闇よりも益があるように、知恵は愚かさよりも益がある。知恵ある者の目はその頭にあり、愚かな者は闇の中を歩む。だが私は、両者に同じ運命が訪れることを知った。私は心の中で言った。「愚かな者の運命は私にも訪れる。並外れて賢くなったところで、何になるのか。」そこで、「これもまた空だ」と心の中でつぶやいた。知恵ある者も愚かな者と同様に、とこしえに思い起こされることはない。やがて来る日にはすべてのことが忘れ去られる。知恵ある者も愚かな者も等しく死ぬとは何ということか。

私は人生をいとう。太陽の下で行われる業は私にとって実につらい。すべては空であり、風を追うようなことだ。

私は、太陽の下でなされるあらゆる労苦をいとう。それは私の後を継ぐ者に引き渡されるだけだ。その者が知恵ある者か愚かな者か、誰が知ろう。太陽の下で私が知恵を尽くして労したすべての労苦をその者が支配する。これもまた空である。私は顧み、太陽の下でなされたすべての労苦に、心は絶望した。知恵と知識と才を尽くして労苦した人が、労苦しなかった人にその受ける分を譲らなければならない。これもまた空であり、大いにつらいことである。太陽の下でなされるすべての労苦と心労が、その人にとって何になるというのか。彼の一生は痛み、その務めは悩みである。夜も心は休まることがない。これもまた空である。

食べて飲み、労苦の内に幸せを見いだす。これ以外に人に幸せはない。それもまた、神の手から与えられるものと分かった。この私のほかに誰が食べ、誰が楽しむというのだろうか。

なぜなら、神は御心に適う人に知恵と知識と喜びを与える。しかし、罪人には集め、積み上げげることを務めとし、それを御心に適う人に与えてしまうからだ。これもまた空であり、風を追うようなことである。


神は喜びを与えられます。「神は御心に適う人に知恵と知識と喜びを与える」（二・二六節）。この長い第二章の末尾には、そのように記されます。ここでは、最初から最後の句にいたるまで、喜びについて論じられます。コヘレトは、単に「人の子らに与えて労苦させる」神だけでなく、「知恵と知識と喜びを与える」ひとりの神を信じています。すなわち、昼も夜も人の子らが幸せであるように配慮してくださる、ひとりの神を信じています。神は喜びをお与えになるというこの確信が、多くのキリスト者にとってどんなに不本意に思えるかを、もちろん、われわれは知っています。むしろ、今日の人びとは、人類を汗と血と涙のなかにひたしてしまうような神しか信じられないのかもしれません。かりに、自信たっぷりなキリスト者たちが互いに語り合っているのを聞いてごらんなさい。そこでは、たいてい、人間にきびしく悔い改めを要求し、刑罰をもって臨むような神が語られているでしょう。われわれの礼拝にしても、喜びを与えられる神を相手としてささげられているというよりは、痛みを与える神を念頭において守られているほうが、ずっと多いのではないでしょうか。もっとも、コヘレトが、神は喜びを破壊するかたであり、その子らが嘆き悲しむのを眺めて冷笑されるかただと告げたなら、ずっと多くの人びとの共感をよぶかもしれません。ですから、今の世代の人びとが、コヘレトを通して、「神は、御心に適う人に知恵と知識と喜びを与える」ということを想い起させられることは、決して不必要なことではないでしょう。

ここで忘れられてならないのは、コヘレトが、かの民、すなわち、――誇張して言うのではないのですが――、地上のどの民族にもまして祭りを祝った民に属しているということです。しかも、その祭りは、明らかに喜びの祝祭であり、その参加者が八日のあいだ文字通りに感謝から感謝へ、歓喜から歓喜へと過ごした、祝祭でした。イスラエルが神の民、すなわち喜びをくださる神の民だということは、いわれないことではありません。イスラエルの民の一年は、いわば、すばらしい祝祭週間の花輪で結ばれ、飾られていました。そして、その祝祭には踊りや遊戯も欠けてはおらず、その最後の日は参加者にとっていよいよ忘れがたい人生の歓喜の絶頂でもありました(詩編四二編!)。それに加えて、それは神によって定められ、神によってはっきりと民に命じられた祭りでした。時として預言者たちがそうしたイスラエルの祭りについてきびしい批判の声を放ったとしても、それは祭りそのものに反対するのでなく、その祭りが乱用されることへの批判でした。ほかならぬ預言者たちが「神は、御心に適う人に知恵と知識と喜びを与える」ということがどういうことであるかを知っていました。そうです、神がくださる喜びは新約聖書ではさらに、「大いなる」、「全き喜び」と呼ばれます、そして、新約聖書の先頭におかれている四つの書物は、はっきりと、福音書すなわち「喜びの知らせ」と呼ばれるのです。「大いなる」、「全き喜び」にいたる根拠を、コヘレトはもちろんまだ知ることができません。彼は、「神は御心に適う人に知恵と知識と喜びを与える」ことを知っていますが、さらにそれを制限するように、彼は次のごとく続けます。「しかし、罪人には集め、積み上げることを与える」と。これに対して、新約聖書の喜びは、大いなる、全き喜びです。なぜなら、ここでは、今や、ほんとうに不思議にも、罪人たちにこそ、神の喜びが与えられ、しかも、それは、ほんのおすそ分けという程度でなく、まず第一には罪人たちにこそ与えられる喜びなのですから。こうした憐れな罪人たちに与えられた喜びは、かの放蕩息子のたとえにおいてこの上なく鮮やかに示されています。すなわち、浮浪者のようになって家に戻ってきた弟息子のために、子牛が屠られ、指輪がはめられ、新しい衣が着せられて、喜びの宴に彼の席が用意され、そして、「祝宴を始めた」（ルカ一五章）という時に、兄息子はこれを大いに憤ったというあのたとえです。人の子らに喜びを与えようとする神の御意思《みこころ》は、まことに徹底していて、憐れな罪人たちが喜びを得るためには、キリストをも惜しまないほどなのです。

ところで、神によってこのように喜びが与えられるというのに、それが提供されることに対するわれわれ人間の態度は、――控えめに言えば――、どこか奇妙です。すなわち、人間本性の深いところには、神が与えられる喜びをそのまま素直に受け取ろうとしない傾向が潜んでいるのであり、そして、自分自身でつくり出した喜びをこそ、慕い憧れるという、注目すべき傾向があるのです。あきらかに、人間は与えられる喜びよりも、かちとる喜びを好みます。聖書は、かの深刻な物語を通して、すでに最初の人間が、神から与えられた楽園の喜びに満足しないで、自ら喜びをかちとろうとした有様を、伝えています。「彼女は……実をとって食べ、一緒にいた夫にも与えた。そこで彼も食べた」（創世記三・六）。そうです、喜びを盗み取るこうした傾向は、よく知られたあの言い回しにかたちを変えて残っています。「奪《と》った愉《たの》しみは、三倍に楽しい。」そして、いま注意して見てみると、この第二章においてコヘレトは、まさに、こういう人間を描いているのです。――そして、当然のこと、われわれ自身まさにこういう人間なのです！――

すなわち、神から喜びを受ける人間であるよりは、むしろ自分から喜びをかちとる人間です。ここで、これほどあけすけに語ってくれる著者を、われわれは高く評価したいものです。この章を注意して読めば読むほど、これはアウグスティヌスの告白録にも似た、ほとんど著者個人の懺悔とでも考えられるべきものではないかという思いがしてなりません。

まず最初に、彼は際限もない快楽に身をゆだね、喜びを味わおうと試みました。「さあ、喜びでお前を試そう」（一節）。むかし、バベルの塔の建設にはげんだ者と同じように、彼もいま、「さあ、……しよう！」と言って全力を尽くすのです。このコヘレトのような人物が快楽を求め始めると、それはもはや中途半端なところで止まることはありません。そして、いまや、彼はその感覚能力のすべての水門、窓、扉を開け放ち、あらゆる感覚を駆使して、おおよそ地上で味わいうるすべての愉しみごとを追い求めます。目、耳、鼻、口、手を用いて、吸収可能なかぎりの愉しみごとを彼自身のうちに摂り込もうと努めます。この章に記されたその快楽追及の意志は、まさにすさまじいばかりです。ところが、ある日、彼は、やかましく騒ぐ声や音のなかで、自分自身の笑い声を自分で聞きます。自分の耳で自分の笑い声を聞くとは、不思議です！　そして、彼の驚きは深刻です。おお、そうです。いつの日かわれわれはそういう自分の笑い声を耳にすることがあるのです。その時、それはなんと空しく聞こえることでしょう！　なんとうつろに響くことでしょう！　なんと恐ろしく耳を打つことでしょう！　「しかし、これもまた空であった。笑いについては、『馬鹿げたこと』と私は言い、また喜びについては『それが何になろう』と言った」（一―二節）。快楽のなかに喜びを求めようとする時、それがついに空しく終わるというのは、はたして妙なことなのでしょうか。この世の愉みごとでは、結局、魂は満たされません。神のうちに平安を見出すまでは、人間の魂はやすらうことがないのではないでしょうか。「神は御心に適う人に喜びを与える。」

そこで、しばらくのあいだ、彼は決心します。すくなくとも、飲酒に関しては深酒をつつしみ、その不摂生に手綱をかけようと心を定めるのです。「私はぶどう酒で体を元気づけようと心に決めた。私は知恵によって心を導くが、しかし、天の下、人の子らが短い生涯に得る幸せとは何かを見極めるまで、愚かさに身を委ねることにした」（三節）。けれども、やがて彼は、新たに快楽追及へと転落します。快楽をわが物にしようとの彼の試みは、おそろしいまでに飽くことがありません。「私は事業を広げた」（四節）。いまや彼は、まるで力ずくでも喜びをわがもとに引き付けようとして、その企てはじめた事柄を、次々に列挙します。それは誇張ではありません。彼は広い庭園とぶどう園と果樹園とをそなえた館を建設します。うっそうと茂った森によって木陰をつくり、流れをつくって景観に変化をもたせ、さわやかで気持ちよいものとします。羊や牛の群れを養い、それによって台所を豊かにし、食卓をにぎわします。使われる多数の働き人は主人の気に入ろうと努めます。歌うたう人、歌うたう女は、宴会ごとに楽しい雰囲気をかもし出します。こうした生活様式には、もちろん多くの側室をかかえたハーレムも欠けてはいません。部屋という部屋は、遠い国々から取り寄せた金、銀によって、ちりばめられています。彼が想を練り実現した事柄は、根本においては、まさに自力で作り出した楽園《パラダイス》にほかなりません。そうです、「だが、私は顧みた　すべての手の業と労苦を。」と述べられる時、その言葉は創造第七日に神御自身が語られたのと同じ言葉です。――けれども、彼はその先を、「それは、はなはだよかった」とは続けずに、かえって、「見よ、すべては空であり、風を追うようなことであった」と語るのです（四‐一一節）。「享楽の巨大な道具立て」と、ある註解者（デリッチ）がここで註を施している通りです。ああ、けれども道具立てがどんなに巨大であっても、喜びがそうなるとはかぎりません。費用の増大が喜びの増加をもたらすと考えるのは、たいへんな思い違いです。二百フランケン〔スイスの貨幣単位〕で息子に子ども用自動車を買ってやった金持ちの父親が、二フランケンでひとつがいのウサギを子どものために手に入れてやった貧乏な父親よりも、わが子から大きな喜びをかちえるとはきまっていません。そして、コヘレトと名乗る人物が、その上さらに、現代の実力者のごとく、かりにありとあらゆる動力や原子エネルギーをおのが支配下におさめて道具立てをよりいっそう巨大化するようなことがあっても、――そうした出費の額が喜びを保証することには決してなりません。ある世代がその時代の娯楽施設をどんなに高度化しても、そこには、ついに、「見よ、すべては空であり、風を追うようなことであった」という思いがきざすのを禁じることはできません。このコヘレトも、いま、そのような心境に達し、そして、そのように述懐するのです。けれどもこの人物は、ついに自分が志して成就できなかったことどもを妬ましく思う落伍者ではありません。彼は人生を十分に生きました。手の届かないぶどう園の実をすっぱいと悔しまぎれに非難するのとはちがいます。いいえ、彼は人生のぶどう園を究め尽くしました。十分に信頼するにたる証人として、彼はその快楽に関する見解を公にしています。彼がそのような人物だということは、人生の快楽をわが物にしようと努めた彼の企てが、しばらくの間、満足すべき成果を収めたことからも、信じてよいことです。「私は事業を広げた。」こうして、「かつてエルサレムにいた誰よりも、私は偉大な者となり、栄華を手に入れ、知恵もまた私にとどまった。……だが、私は顧みた、すべての手の業と労苦を。見よ、すべては空であり、風を追うようなことであった。」(九―一一節)。

したがって、娯楽産業ではだめなのです。そこで、ふと、彼は考えます。わたしの考えている喜びというのは、はたして、正常なものなのだろうかと。

　そして、贅沢をきわめることによって快楽を獲得できなかった彼は、次に、純粋さということのうちにそれを求めようとします。そこで、彼は純粋な精神活動にたずさわることによって、その喜びを見いだそうとしはじめます。彼はさまざまの思想体系を学び、それらを比較検討します。そのようにして、彼は人間のさまざまな認識がもたらす尊いみのりを味わい、そのニュアンスの違いを学びます。善であること悪であること、賢明であること暗愚であることを、彼は知ります。「また、私は顧みて、知恵と、無知と愚かさを見極めた。」「光が闇よりも益があるように、知恵が愚かさよりも益がある。」「知恵ある者の目はその頭にあり、愚かな者は闇の中を歩む」（一二―一四節）。知恵ある者の目はその頭にあるということ、すなわち、どんな分野における出来事にも敏感に反応できる目をもつということは、大事なことです。かつてわたしがその働きぶりを気に入っていたひとりの大工職の人がいました。その仕事のコツをたずねると、答えは次のようでした。「卒業証書や学位が全部というわけじゃありませんぜ。人は頭に目をもっていなくちゃなりませんや。その目で仕事を盗むんでさあ。」そのように、認識する喜びというのは、たしかに、純粋な喜びといえるのでしょう。けれども、いま、彼が考えるように、少なくとも彼はまだ喜びそのものにたどりついてはいません。「そこでも、彼は何かちょっとひっかかるものがある」とルターが述べる通りです。すなわち、彼は、知恵ある者にとっても愚かな者にとっても人生が同じように臨むことに、気づくのです。「知恵ある者も愚かな者も等しく死ぬとは何ということか」（一五－一六節）。たとえば、こんなことが思い起こされます。すなわち、ラジウムの発見者として名高いピエール・キュリーは、ある日、研究室からの帰途、パリ－ゼ・ヴールヴァールの雑踏の中で転び、荷馬車で頭を押しつぶされ、ある家の玄関に引きずり込まれてそこですぐに死に――、それで生涯を閉じたのです。必ず死なねばならないという事実に直面しては、その人が知恵ある者であったとか愚かな者であったとかいうことはどんな意味があるのでしょうか。そして、こうした高尚な喜びもまた空しいもののように思えた時、彼のうちにはある種の憎しみが感じられてくるのです。「私は人生をいとう」（一七節）。贅を尽くす試みも、純粋さを求める試みも、今や、ともに失敗に終わりました。そして、おそろしいことに、彼は人生そのものを憎まざるをえません！　それはどこへ行きつくのでしょうか。一瞬、彼は考えます。いまはただ、まったく卑しくなって、おのが所有物に満足を見出すべきなのではなかろうかと。彼にはまだ多くの財産が残されているのです。彼はけちんぼ、守銭奴となるべきなのでしょうか。その空ろな心を金の冷たい輝きで和ませるべきなのでしょうか。しかし、そこにも彼は「ちょっとひっかかるもの」を感じます。彼は心の中で、彼が死んだのちその墓の彼方で彼の財産が他の者の所有に帰する日を、思い描くのです。「知恵と知識と才を尽くして労苦した人が、労苦しなかった人にその受ける分を譲らなければならない」(二一節)。漁夫の利を占められてしまう！財産蓄積の喜びもまた、空しいのです。いいえ、彼はまだ喜びを見出してはいません。その生涯の盛んな時期に、その喜びを見いだそうと志を立てたのでしたが、感覚のうえでの快楽、非常に贅沢で派手な生活、知的悟り、物的所有――いっさいのものについて、彼はついに虚無だという思いへと追いやられます。人生の感触は、虚無の感触でした。

現代風に言うならば、いまや、ことここに至っては、次に来るのはピストル自殺か修道院入りということになるでありましょう。事実、教父ヒエロニュムスは、自分は、コヘレトによって、この世とこの世にあるすべてのものを軽蔑することを学んだ、と語ったのでした。けれども、いまや、思いもかけないまったく別の局面が展開します。そこに生じるのは、われわれが予想するような、この世に対する嫌悪、蔑視、あるいは、人生への倦怠感というものではなく、そうしたわれわれの予想をまったくくつがえすものです。すなわち、そこには修道院入りのことも自殺のことも語られず、かえって、そこでは再び人生の日常生活への立ち返りのことがのべられるのです。しかも、もはや肩をいからせず、もはやあのバベルの塔建設の人びとのように「さあ」という威勢のよい掛け声を張りあげずに、かえって、ごく自然に、淡々として日常生活へ立ち返る姿がのべられるのです。「食べて飲み、労苦の内に幸せを見いだす。これ以外に人に幸せはない」(二四節)。「その労苦の内に!」したがって、ここには、「われわれは明日にも死ぬかもしれない。だから、大いに飲み食いしようではないか」というような、刹那的響きはありません。かえって、単純に労働と喜びを、喜びと労働をもって、人生を過ごすことが語られるのです。しかし、それは決して、ゲーテが告げたように、「昼に働き、夕べに客を迎え、週日働き、休日にたのしめ」といったような処世術ではありません。いいえ、このコヘレトにはそういう処世術は無効です。深く、あらゆる処世術のからくりを彼は見てとっていたのです。洗練されたものにせよ、荒削りのものにせよ、まさに彼がこれまで経験してきた処世術は、ついに何の役にもたたなかったのでした。ありとあらゆる処世術を試みて、無益な労苦に終わった彼は、ついに単純な発見をしたのです。すなわち、人間は自分から喜びをつくり出すことができないこと、そして、喜びはただ与えられるものだ、ということを。人は、神を抜きにしては、一日たりとも正しく食べることはできず、盃一杯の酒すらも正しく飲むことができず、また、一歩たりとも正しく歩むことができません。「それもまた、神の手から与えられるものと分かった。この私のほかに誰が食べ、誰が楽しむというのだろうか」(二四-二五節)。労働と喜びは、神の御手から与えられる贈り物だということ、――そのことが、大きな、率直な発見でした。ここでわたしは、ひとりの貧しい学校用務員の妻のことを思い起こします。給料日に俸給をうけとる時、給料配達人がそれを彼女の手に渡すたびごとに、彼女はそのお金をほんのいっとき静かにその配達人の前で手にもち、そして、ちょうど食前の祈りの時のように、神様に感謝をささげるのでした。それが、つまり、その労苦を神の御手からうけとるということなのです。また、わたしは、あるキリスト者のことを思い起こします。彼は、数日間の休暇を得て、あるキリスト教主義の保養所に滞在しましたが、夕食のあとには、時折、タバコを一服することがありました。ところで、その保養所にはほかにも泊り客があり、彼らはこの心ないタバコの煙にすっかり憤慨してしまいました。弁明を求められて、彼は次のように答えました。わたしはそう沢山のタバコを吸うのではなく、夕食後にこの一本だけをたしなむのです。そして、わたしは、その時、神様に対する感謝の思いにふけりつつ、そうしているのです、と。喜びは神の御手から与えられます。そうして、労苦もまた、神の御手から与えられます。デールヘルツリイ動物公園で、ノロシカの子やシカが自分の手から食べ物を食べてくれる時、その子どもは溢れるような喜びに包まれます。人びとが、神様の御手によって養われはじめる時、それは何とすばらしい日となることでしょう！　そのような有様を、コヘレトは心の中に思い描いているのです。それゆえ、万事が空しいことを語るコヘレトではありますが、彼は最後には喜びの使者となっているのです。そうです、この、すべてのものの空しいことを訴えるコヘレト、彼はまさに赤いベレー帽をかぶる人なのです。

第3章　すべてに時機がある

天の下では、すべてに時機があり、すべての出来事に時がある。生まれるに時があり、死ぬに時がある。植えるに時があり、抜くに時がある。殺すに時があり、癒すに時がある。壊すに時があり、建てるに時がある。泣くに時があり、笑うに時がある。嘆くに時があり、踊るに時がある。石を投げるに時があり、石を集めるに時がある。抱くに時があり、ほどくに時がある。求めるに時があり、失うに時がある。保つに時があり、放つに時がある。裂くに時があり、縫うに時がある。黙すに時があり、語るに時がある。愛するに時があり、憎むに時がある。戦いの時があり、平和の時がある。

人が労苦したところで、何の益があろうか。私は、神が人の子らに苦労させるよう与えた務めを見た。神はすべてを時に適って麗しく造り、永遠を人の心に与えた。だが、神の行った業を人は初めから終わりまで見極めることはできない。

私は知った。一生の間、喜び、幸せを造り出す以外に、人の子らに幸せはない。また、すべての人は食べ、飲み、あらゆる労苦のうちに幸せを見いだす。これこそが神の賜物である。私は知った。神が行うことはすべてとこしえに変わることがなく、加えることも除くこともできない。こうして、神は、人が神を畏れるようにされた。今あることはすでにあった。これから起こることもすでにあった。神は過ぎ去ったものを捜し求める。

太陽の下、さらに私は見た。裁きの場には不正があり、正義の場には悪がある。私は心の中で言った。「神は正しき者も悪しき者も裁かれる。天の下では、すべての出来事に、すべての業に時がある。」

私は人の子らについて心の中で言った。「神は彼らを吟味し、動物にすぎないことを見極めようとする。」人の子らの運命と動物の運命は同じであり、これが死ねば、あれも死ぬ。両者にあるのは同じ息である。人が動物にまさるところはない。すべては空である。すべては同じ場所に行く。すべては塵から成り、すべては塵に帰る。人の子らの息が上へ昇り、動物の息が地に降ると誰が知るだろうか。

私は見極めた。人は自分の業を楽しむ以外に幸せはないと。それがその人の受ける分なのだから。彼の後に起こることを、一体誰が彼に見せることができようか。


「こうして、神は、人が神を畏れるようにされた」(一四節)。コヘレトは、この章において「神への畏れ」を教えています。ルターが、ここでの主題は第一戒の「私は主、あなたの神、あなたには、私をおいてほかに神々があってはならない」であると、注釈を施す時、彼は疑いもなくわれわれに正しい指針を与えているのです。事実、ここでは、あらゆる時を支配する唯一の主である神、いわば世界の時計を御手のうちに完全に握っておられる神について、述べられています。この神については、すでに聖書の開巻第一頁に次のように述べられます。「神は言われた。『天の大空に、昼と夜を分ける光るものがあり、季節や日や年のしるしとなれ。』」（創世記一・一四）。それは、敬虔な詩編詩人が次のように歌っている神です。「私の時は御手にあります」（詩編三一・一六）。それは、ダニエルが、時代と諸国民の大海の中から恐ろしい首をもたげる四頭の黙示録的獣を見た時に証言した、その神です。「彼らがいかに長くあることを望もうとも、彼らには時と場合が定められている」（ダニエル七章―自由訳）。同じ先見者は、神を、あらゆる時代を治める唯一の主また支配者と、賛美しています。「神は時と時期を変え、王を退け、王を立てる」と（ダニエル二・二一）。それゆえに、われわれは皆、誰が事柄をほしいままにする方であり、そして、「治め、かつ、支配するのは、神である」ことを知るべきです。かかる神こそ、畏れるべき方です。「こうして、神は、人が神を畏れるようにされた。」

コヘレトは、そこからさらに一歩を進め、そして、主なる神がどんなことをなさるかを示します。彼は、まず、ごく一般的な主張をすることから始めます。「天の下では、すべてに時機があり、すべての出来事に時がある」（一節）。

それによって、彼は二つのことを告げようとします。第一は、神が、物事の起こる時期を決定しており、また、すべてのことがどんなに長くあることを望もうとも、神はその期間を定めておられるということです。以上のことを述べたあとで、こうした一般的叙述の内容について、一つ一つの場合に分けて説明が加えられていきます。まず、彼は人生にそなわる二つの里程標、すなわち誕生と死について言及します。「生まれるに時があり、死ぬに時がある」（二節）。人間の誕生の時期は、星の下に定められているのではありません。そうではなくて、星を超えた上なる所で定められているのです。そして、いつ死の時が訪れるのか、その時機もまた、大海に「ここまで来てもよい、超えてはならぬ」（ヨブ三八章）とお命じになる方の、御手のうちに定められているのです。「わがよわいの日は、ことごとくあなたの書にしるされ」ているのであり（詩編一三九・一六）、そして、われわれがどんなに思い煩ったとしても、自分の寿命をわずかでも延ばすことはできないのです（マタイ六・二七参照）。そして、そのことはわれわれ人間の生涯について言えるだけではありません。すぐそれと並んで、コヘレトは、――聖書によくみられるように――、植物の生活についても同じことがあるのに目を留めるのです。「植えるに時があり、抜くに時がある」（二節）。生と死を支配する主は、秋になっても木の葉の散る時期を定め、そして、われらの子どもたちがふたたび声を合わせて次のように歌をうたう時期を定めておられるのです。「ごらんよ、ごらん、枝から木の芽が見えてるよ」と。

そして、今や、われわれの前には、色とりどりの人生絵巻がくりひろげられていきます。ここでは、あの古い「ニーベルンゲンの歌」の序章の部分が、すなわち、「喜び、結婚、涙、嘆き」が聞こえてくるかのようではありませんか！　人間存在とは何であり、世界の出来事とは何であるかということが、ありのままに描写されます。しかし、コヘレトの目に映る人生は、あきらかに、「血と涙の大海」ではなく、苦悩と歓喜の入りまじる場です。「殺すに時があり、癒すに時がある。壊すに時があり、建てるに時がある。泣くに時があり、笑うに時がある。嘆くに時があり、躍るに時がある」（三－四節）。妙に感じられますが、「石を投げるに時があり、石を集めるに時があり」ます（五節）。この言葉は、石を除去して文明の国がたてられ、その逆に、投石によって文明が破壊されるという問題を述べたものと解釈されています。したがって、一種の、古代の「廃墟」を指したものです。そして、奇妙なことに、石のあとには心が続きます。「抱くに時があり、ほどくに時がある」（五節）。そして、彼はそのあとを、いろどりを考慮に入れながら、思いつくままに書きつらねます。「求めるに時があり、失うに時がある。保つに時があり、放つに時がある。裂くに時があり、縫うに時がある。（この場合、悲しい時に衣服を裂くという古い習慣があったことを思い出すべきです。）黙すに時があり、語るに時がある。愛するに時があり、憎むに時がある。戦いの時があり、平和の時がある」（六－八節）。いつも、平和が最後の言葉です。ともかくも、人生は決して退屈なものではないのです。「変化が人生に味をつける」のならば、神が配慮なさって変化を与えておられるのです。「何の憂いもない毎日が続くにまさって、耐えられないものはない」というのが本当ならば、幸いなことに、われらの人生には照る日、曇る日、雨降る日が備えられているのです。「天の下では、すべてに時機があり、すべての出来事に時がある。」

そして、いまや、すでに述べたごとく、次のように語られます。「こうして、神は、人が神を畏れるようにされた。」これらの「人生」は、コヘレトの目にはけっして盲目の偶然のなせる業とは映らないのです。天の下には神の御意思《みこころ》をほかにしては何事も起こりません。神の御旨なしには一羽の雀も屋根から落ちず、一本の髪の毛も頭から落ちることがありません。古い流行歌で、「こいつがカンナをかけりゃ、万事は平らよ」と歌われている運命が、そうするのではありません。いいえ、すべてのことは、「神がこのようにされる」のです。けれども、この神は、御旨にかなって好ましく、かつ、正しくあるかぎり、われらの祈りを聞き、これを聞き届けてくださいます。ですから、われわれは、何でもかんでも無理に予定するという必要はないのです。すべてのことは、人格なる神の御支配のもとにあります。「神がこのようにされる。」そして、さらに述べられます。「こうして、神は、人が神を畏れるようにされた」と。われわれが神を畏れなければならないということは、ここではまことに具体的に、われわれがこの神の意志と決定に服従しなければならないということ、われわれがこれらすべての人生における浮き沈みを神の全能の御手からのものとして受けとめなければならない、ということです。すべてのことを、その時期と、その期間に応じて、受けとめなければならない、ということです。率直に受けとめ、然《しか》りを言うことが、ここでの神への畏れということです。しかし、コヘレトは知っています。言うは易く、行うは難し、ということを。人間は、神の支配のもとに与えられる人生ではあっても、これを「苦労」と「重荷」と感じるのです（一〇節）。コヘレトは、われわれが「加えること」と「除くこと」をしがちなことをも承知しています（一四節）。すなわち、われわれは、どうあってもすべてを「見極め」ようとし、なぜか・どうしてかと執拗に問い、コヘレトが言うように、「初めから終わりまで」見極めようと欲します（一一節）。ところがコヘレトは、神がわれわれになさるいっさいのことを、そのまま是認しようとするのです。われわれは、場合によっては神を抜きにしてでも、彼が事柄の理由《わけ》を見極めようとする者であってほしいと、期待します。「〔けれども〕神はすべてを時に適って麗しく造られた」（一一節）。コヘレトは、このように語ることによって、神は時をたがえず、また、期間を測り違えることがないと、述べるのです。それは、墓標に「神には誤りなし」と刻む場合のような、率直な神への畏れです。神を畏れる者は、神の摂理を敬愛の念にみちてうけいれ、これに従順にしたがうのです。

そして、ここにわれわれは、コヘレトが不機嫌そうな様子を見せずに、ごく自然に、神の定められた時に順応するのを聞かされます。それは、あの主イエスが断食について語られた御言葉を、連想させます。「断食する時には、偽善者のように暗い顔つきをしてはならない。……あなたは、断食する時、頭に油を塗り、顔を洗いなさい」（マタイ六・一六―一七）。コヘレトは、いかにも物思いに沈んだような有様をするのではなく、晴れやかな顔をして食い飲みし、そして、愉快な気分で労働にいそしみます。そうすることによって、彼は赤いベレー帽をかぶる人であることを示します（一二―一三節）。それは、ちょうど、エドゥアルト・メーリケが記しているような態度です。「主よ、御心のままになさってください。／好ましい事、あるいは、辛いことでありましょうとも。／わたしは満足します、そのいずれなりと／あなたの御手から出ることですから。／過度の喜び／また過度の苦しみによって／わたしを滅ぼさないでください！／けれども、あなたの慈しみの御決定は／つねに中庸にあるのです。」人は、あるいは、言うかもしれません。このようなかたちの神への畏れ、こうした明るい落ち着き、また、へりくだった従順というものは、古くさく、古くからのしきたりで、時には俗っぽくすら感じられると。たしかに、このような生き方はけっして英雄的ではありません。ここには、写真撮影や精彩を放つルポルタージュに格好の材料はありません。けれども、思い違えてはなりません。結局は、いつもこうした静かな神への畏れにつちかわれた生活を営む者が、すなわち、男女を問わず、特に鳴り物入りではなく、素直に義務を果たしていく人々が、家庭を、そして国を、支えていくのです。「私は知った。一生の間、喜び、幸せを造り出す以外に、人の子らに幸せはない。また、すべての人は食べ、飲み、あらゆる労苦の内に幸せを見いだす。これこそが神の賜物である」（一二－一三節）。

しかし、その日、その時に生じる事柄を素朴に肯定するという、こういう平凡な神への畏れを笑う人は、今度は、ただその人自身が、いつの日か笑いものとならないように気をつけなくてはなりません。人生を過ごすにあたり、素直に神への畏れに生きるのとは異なる別の生き方が、なぜ、よりいっそう価値があり、よりいっそう意味深いのか、その理由は分からないでいます。そして、事実、素朴に神への畏れに生きるのとは異なる別の人生をたどろうとする誘惑は、誰のうえにも臨みます。そこでわれわれは、ちょっとの間、神を畏れない人生の試みがどんなものかを、見てみたいのです。

まず、われわれの内には、（責任逃れの）卑怯者が宿っています。すなわち、その日、その時に生じてくる責任と義務を回避し、これを果たそうとしない卑怯者です。時々刻々に生じる要請に応えず、これから逃避してしまうケースは意外に多いのです。現在の問題を担わずに、人は過去のうちにだけ生きたり、あるいは、未来のことのうちにだけ生きたりすることができます。これは、その人の年齢と性格によることです。人は、永遠の過去の人であることができます。すなわち、数百年あるいは数十年も以前に生じたことは正確に知っていても、ここで、今日、緊急の問題になっている事柄については、どうしてよいか途方に暮れてしまうという人です。あるいは、永遠の青二才であるような若者。また社会改良家がいます。彼らは、おそらく、家では戸の開閉すらきちんとやらず、自分の衣服を正しく着ることすら心得ないのです。これが、現在からの逃亡者です。

また、われわれの内には別の者が宿っています。これは、さきの卑怯者に似通っています。利己主義者です。それは、「仕事の分担」については、いつも自分の都合のよいことだけを選びとります。人生の快適な部分だけを味わおうとします。笑うこと、躍ることのみ好み、面倒を避け、そして、天秤棒の軽いほうだけを担ごうとします。それでいて、他方においては、砕き、泣き、悲しみ、そして、石を持ち上げるなどのことは他人まかせにするのです。そうすることによって、利己主義者は汗と涙に関して二倍の得をするのです。

さらに、われわれの内にはファリサイ人が宿っています。それは、人生においては何がなんでもきちんとした「装い《スタイル》」を整えていたいとするのです。自分に与えられた人生をおおらかに生きようとしない者、いつも小心翼々として、少しでも咎めを受けそうな事柄からは身を引いて、やがて神様の御前に立った時には、誇らしげに、「その場には自分は居合わせませんでした」と言い張るような者、それがファリサイ人です。それは、抱いたり踊ったりすることを、軽蔑します。心の底から明るく笑うということにすら何か罪悪感を感ずるのです。それは、ゴットフリート・ケラーが、『三人の正しい櫛細工人』の序に次のように述べている、わびしい「血の気のない正しさ」です。すなわち、「かような正しさは、『主の祈り』の中から、「わたしたちに負債のある者をゆるしましたように、わたしたちの負債をもおゆるしください」という祈願を削除するものである。なぜなら、それは、負債をつくらず、また、いかなる負債をも残していないのだから。それは、誰にも害を与えないが、しかしまた、誰にも喜ばれない。なるほど。働き、稼ぎはするが、しかし何一つをも分け与えようとはしない。まじめに働いて得るものは利益のみであって、喜びを見いだすことがない。かかる正しさは、ランプ一つをも壊しはしないが、また一つのランプに火をともすこともなく、そこからは一筋の光すら発しない」と。このように血の通わない正しさというものは、このコヘレトのまったくあずかり知らないものです。

　卑怯者、利己主義者、ファリサイ人らのほかに、さらにわれわれの内には第四の人が宿っています。そして、それは、反抗者、反乱者です。それは、そもそも、時に順応することをしません。摂理を受けいれようとしません。妊娠、出産、死についてすら、これらを自分の采配のもとに置かないと気がおさまりません。機が熟し、時が満ちるのを待つことができないのです。それは、永遠の短気者です。そして、「短気は、しばしば、罪をうむ」のです。こうした反抗者は、いつも、夜を昼に変え、昼を夜に変えようと企てます。それは、秋にスズランを求めようとし、春にイヌサフランを手に入れようとする人たちです（商人たちは、そういう小唄をみずから歌っています！）。われわれの内にこうした反抗者が宿ることを、ダニエルは預言者的洞察をもって見抜き、次のように記します。「彼はいと高き方に逆らう言葉を語り、いと高き方の聖者たちを疲弊させる。彼は時と法を変えようとたくらむ」（ダニエル七・二五）。時と律法とを変えるということ、それは罪です。深刻な罪です。ルターはここで次のように語ります。「神は人間の指図をおうけにならない。われわれは、何事が起こったかを、神に教えるようなことはすべきでない。」コヘレトが告げていることも、それと同じです。「天の下では、すべてに時機があり、すべての出来事に時がある。」そして、「こうして、神は、人が神を畏れるようにされた。」いいえ、コヘレトがわれわれに教える神への畏れ、すなわちあらゆる知恵の初めである神への畏れを、いわゆる好ましいことや如才ないことで、置き換えようとするのはお勧めできることではありません。

しかし、神を畏れる道を歩もうとしない者たちについて、今述べたように語らなければならないということを通して、われわれはどうしても避けることのできない一つの問題につき当たります。われわれの考察は表面的なところで留まっていてはなりません。そして、その問題というのはあらゆる時の変化のうちにある人間の人格的責任の問題、すなわち罪の問題です。コヘレトは、罪の問題があることを認めています。「太陽の下、さらに私は見た。裁きの場には不正があり、正義の場には悪がある」（一六節）と。だが、不正が気ままに行われているなど、あってはならないことです。公義が確立し、審判者がいなければなりません！

「私は心の中で言った。『神は正しき者も悪しき者も裁かれる。天の下では、すべての出来事に、すべての業に時がある』」（一七節）。コヘレトは、裁きを行なわれる神を信じています。それは、旧約の預言者たちの神です。彼らは、くりかえして声を挙げ、決済の時である「かの日」、すなわち義人と不義な者とが神の審判の前に立たされる日について語ったのでした。しかし、コヘレトは、「かの日」も「かの時」も、神の御手のうちにあることを知っています。この「来るべき日」に関しても、神は人間の指図を受けず、いつその日が来るかについて、人間から指図を受けるようなことはありません。ここでもまた、――そして、コヘレトは意図的にこのつながりのなかでくりかえすのですが、――次の言葉が妥当するのです。「天の下では、すべての出来事に、すべての業に時がある」(一七節)。

ここでもまた、コヘレトは、わだかまりなく素直に神の定めに服することに困難を感じます。次の問いが彼を悩ませるのです。(そして、おそらく、それは彼だけではないでしょう!)なぜ神は裁きを遅らせておられるのか、なぜ神はこのようにも長く不正をはびこらせておられるのかと。これに対して彼が得た答えは、これまでのところと同様、まことに率直かつ簡単明瞭です。神が裁きを遅らせているのは、神がわれわれを試し、そして、われわれ人間が神はどのような方であり、また、われわれ自身はどのような者であるかを悟るためであると。「私は人の子らについて心の中で言った。『神は彼らを吟味し、動物にすぎないことを見極めようとする。』」(一八節)。人間が何者かということと同様、動物が何者かということをも、われわれは、もちろん自分からは知りません。聖書によれば、動物は人間と同じ日に創造された、神秘に満ちた仲間です。ただしい人は動物を憐れむのであり、動物が餌を食べている時に口籠《くつご》をつけるようなことはしません。動物は、一日千秋の思いで、贖われる日を待ちわびています。その日には囲いは倒れ、柵や檻は開かれ、また、乳離れの子は蝮の穴のそばでたわむれるでしょう。「被造物自身も滅びへの隷属から解放されて、神の子どもたちの栄光の自由に入るという希望です」（ローマ八章）。こうした共通の解放の日の先触れとして、また、保証として、神は動物を人間にとっての物言わぬ安息日の友となさいました。それゆえに、「愚かな動物」ではない「親愛なる動物」は、人間と共に神から「同じ息」（一九節）を与えられているのであり、その点で、コヘレトは次のように述べるのです。「人の子らの運命と動物の運命は同じである」と。多くの点で、とりわけ死という点で、われわれは動物と変わるところがありません。われわれ人間もまた死に、そして、われわれのある地方で農夫が言っているように、「埋め」られなければなりません。われわれもまた、皆そろって、「穴の中へと赴く」のです。巨大な墓所、すなわちわれわれがそこからとられたところの、大地の塵のなかへと赴くのです。「すべては同じ場所に行く。すべては塵からなり、すべては塵に帰る」（二〇節）。コヘレトは、霊魂不滅については何も知りません。その点で、彼は旧約聖書並びに新約聖書の理解と同じです。彼はただ、生ける神がおられ、そのかたの御手のうちにわれわれの生と死とが握られていることを知っているだけです。彼は陰府《よみ》のあることを知り、地下の世界のあることを知っています。けれども、霊魂は上にのぼり、他方、動物の霊は地下にくだるというような思弁に関しては、無縁です。「人の子らの息が上へ昇り、動物の息が地に降ると誰が知るだろうか」（三・二一節）。ですから、コヘレトを、永遠に関して疑いを抱く人とみなしたり、永遠を否定する見解の持ち主のように評するのは、至難のわざなのであって、そのようなことはエルネスト・ルナンやその同類の人たちにまかせておけばよいのです。

人間に定められていることは、確実に死んで、そして、裁きを受けるということです。なぜなら、神は永遠の神であられるからです。ところで、コヘレトの知識で到達できるのは、そこまででした。そこに彼の限界があります。だが、われわれの理解は新約聖書の光に導かれて、さらにその先へと進みます。やがて、神から遣わされたお方が、ありとあらゆる時の支配者であられる主のお定めになったその場所にお立ちになった時、すなわち、「時が満ちた」そのとき、神の御使いたちは、今やどのような時が到来したのかを、高らかに告げ知らせました。それは一つの時です。実に、この時をめざして――世界と人の子らにかかわる――神のご計画は創始《はじめ》から進められ、担われてきたのでした。それは、神の御子の誕生の時、です。それからのち、さらに、二番目の時がやってきました。イエスは、しばしば、それを明確に「わたしの時」とお呼びになりました。それは、十字架における彼の贖いの死の時、でした。それから、あの日がこれに続いた、と聖書は記します。かの、三日目、です。すなわち、御使いたちがキリストは甦りたまえりと告げ知らせた時、そして、復活者御自身が弟子たちに現われられた時、です。先にコヘレトは、われわれの人生や時の移り変わりを、列挙して示しました。だが、いまや、そうしたすべての移り変わりの出来事は、前述の時の光を別にして考えられるのでしょうか。――あの一つの時の光、二番目の時の光、また三日目の光、さらにはまた、昇天日、五旬節と続き、そしてついには、いにしえの預言者たちが預言し、今また前述のいっさいの時がこぞって指し示している、「かの日」の光を別にして。「天の下では、すべてに時機があり、すべての出来事に時がある」。しかし、イエス・キリストにおいて、全地とすべての時の上に「決定的な時」が、すなわち神の時が臨んでいます。そして、いまや、いっさいのことが、――すなわち「殺し、癒し、壊し、建て、泣き、笑い、嘆き、躍る」というように、コヘレトの目にばらばらに映らざるを得なかったいっさいのことが――、イエス・キリストにおいて一つとなります。イエス・キリストにおいて、「殺す」は「癒す」に、「壊す」は「建てる」に、「泣く」は「笑う」に、「嘆く」は「踊る」になるのです。ここでは、今や、石の除去に関しても一つの時が訪れます。なぜなら、石は、ここでは、最後的にまた取り消しがたく、〔イエス・キリストの御墓から〕

取り除かれたのですから。そうです、キリストにおいては、憎しみは愛に、戦いは平和に、沈黙は弁舌にと変わります。そして、ここで語られる事柄は、今はもはや、雑多な言葉ではなく、一つの言《ことば》、すなわち肉体となった御言です。それは、喜ばしい使信であり、あらゆる滅びのうえにもたらされた喜ばしい使信であり、乱されることのない平和、失われた者への救いの言葉です。

このたびの戦争が終わったのち、瓦礫と化した町々を目の当たりにした人びとは、また、ここで何が生じたのかを思いめぐらした人びとは、それがこの荒廃の中に住む世代にとって、どんな意味を持っているかを予感しました。すなわち、イエス・キリストにおいて、その十字架と復活において、「壊す」と「建てる」とが一つになることを悟ったのです。そうです、破壊は建設のために役立てられるべきなのです。廃墟となった一つの町に、一握りの若いキリスト者たちが生きていました。彼らは、最初おそろしい失神状態に陥ったのち、あらゆる荒廃の上に君臨する主を信じる信仰によって、気力をとりもどしました。この若いキリスト者たちは、この第三章の冒頭にある言葉をモットーとしたのでした。「すべての出来事に時がある。――壊すにも、建てるにも、泣くにも、躍るにも。」彼らにとって、神への畏れは神への信頼となったのです。

第4章

私は再びあらゆる虐げを見た

私は再び太陽の下で行われるあらゆる虐げを見た。見よ、虐げられる者の涙を。彼らには慰める者がいなかった。また、彼らを虐げる者の手には力があった。彼らには慰める者がいなかった。

今なお生きている人たちよりも、すでに死んだ人たちを私はたたえる。いや、その両者よりも幸せなのは、まだ生まれていない人たちである。彼らは太陽の下で行われる悪事を見ないで済むのだから。

また、私はあらゆる労苦とあらゆる秀でた業を見た。それは仲間に対する妬みによるものである。これもまた空であり、風を追うようなことである。愚かな者は手をこまぬいて、己の身を食い潰す。両手を労苦で満たして風を追うよりも、片手を安らぎで満たすほうが幸い。

私は再び太陽の下、空である様を目にした。一人の男がいた。孤独で、息子も兄弟もない。彼の労苦に果てはなく、彼の目は富に満足しない。「誰のために私は労苦し、私自身の幸せを失わなければならないのか。」これもまた空であり、つらい務めである。

一人より二人のほうが幸せだ。共に労苦すれば、彼らには幸せな報いがある。たとえ一人が倒れても、もう一人がその友を起こしてくれる。一人は不幸だ。倒れても起こしてくれる友がいない。また、二人で寝れば暖かいが、一人ではどうして暖まれよう。たとえ一人が襲われても、二人でこれに立ち向かう。三つ編みの糸はたやすくは切れない。

貧しくても知恵ある少年のほうが、もはや忠告を聞き入れない老いた愚かな王よりまさる。彼は王国に貧しく生まれ、牢から出て王となった。太陽の下、生ける者すべてが、代わって立ったこの少年に味方するのを私は見た。あらゆる民に果てはない。彼らの前にいたものはすべて、後の時代の人々に喜ばれない。これもまた空であり、風を追うようなことである。

「今なお生きている人たちよりも、すでに死んだ人たちを私はたたえる」（二節）。コヘレトはここで、死者を幸いな者とほめたたえ、さらに進んで、まだこの世に生まれない者をうらやましく思っています。「いや、その両者よりも幸せなのは、まだ生まれていない人たちである」（三節）。コヘレトはここで、かつてイエスが語られた、あの終わりの時の苦しみのようなものを経験しているかのようです。「『不妊の女、子を産んだことのない胎、乳を飲ませたことのない乳房は幸いだ』と言う日が来る」（ルカ二三章）。それともコヘレトはここで、いつの時代にも、また、どこの国にもみられる、あの厭世《えんせい》観《かん》または人生の倦怠感《けんたいかん》を味わっているのでしょうか。明るい人間の生活をうたい上げたギリシアの人たちのあいだにすらも、「一番よいのは生まれないことであり、二番目によいのはできるだけ早く死ぬことだ」という諺が生まれています。それともここには、インドに起源をもち、そして、現代の人生にあき足りたすべての人びとをも甘くいざなう、あの根本的な人生否定の思想があらわれているのでしょうか。「眠りは快い、死はさらに好ましい。けれども、もっとも願わしいのは生まれないということだ。」これらの言葉は、疲れてうんざりしている世代の者の心には、あたかも麻薬のように心地よく響くのです。

けれども、ここでコヘレトが告げている悲しみ、哀れ、また恐れを、そうした一般的な厭世観と同じものとして理解するのは軽率です。われわれには、ここでコヘレトが、なぜ死者を好ましく思い、まだ生まれない者をうらやんでいるのか、どうしてもその理由をたずねる必要があります。なぜなら、その理由こそ、あらゆる厭世思想や人生の倦怠感から、このコヘレトをはきりと区別するものだからです。——すなわち、コヘレトは、太陽の下、いたるところで不正が行われているのを見、それゆえに、進んでこの世におさらばしたいという気持ちになっています。しかも、その不正というのは、彼個人がその身に経験し、そして、深く思い悩まされたというものではなく、それは他の人びとの上に生じている不正のことです。厭世主義者というものは、いつも、自分の身に何か不都合な出来事を経験することによって、人生に対するわびしい気持ちに導かれている、くものです。けれども、このコヘレトの目に映っているのは、虐げられ、欺かれている、他の人びとです。しかも、彼は、この不正ということによって、何か漠然としたこの世の矛盾を考えているのではありません。いいえ、そうではなくて、大いに注目すべきことに、コヘレトは、明白に太陽の下で行われている社会的不正を見て、嘆き訴えているのです。「見よ、虐げられている者の涙を。彼らを慰める者がいなかった。また、彼らを虐げる者の手には力があった」（一節）。いいえ、ここでこのような言葉が発せられるのは、あきらかに、人生に疲れ果てたり、生きる関心を失ったためではありません。そうではなくて、それは、この地上に正義が確立することを求める、聖にして力強い熱情です。しかも、あたかも他に比べるもののない品質保証票か商標のように、旧約聖書と新約聖書を通してしきりと現われる、かの正義が確立することを願っての熱情です。それは、虐げられた者、弱く、いと小さき者の正義、――貧しい者の正義です。

けれども、そもそもコヘレトが貧しい者の涙をかえりみ、能力ある者によって公然と行われる不正に着目したという、そのことは、まことに驚くべきことです。忘れてならないのですが、このコヘレトは、彼自身としては裕福な生活状態にあります。ところが、それでいて、彼は貧しい者の涙に目をとめるのです。普通ならば、そのようにはなりません。コヘレトは、むしろ、例外なのです。それは、たとえば、福音書記者たちが、イエスは盲人の目をみえるようにしたと伝えている出来事にも劣らない、非常にめずらしい奇跡です。コヘレトと同じような生活状態にある者たちは、おそらく、社会では不正が行われていると公然と告げる彼の言葉に、苦々しいものを感じていたでしょう。彼らはこれを彼らの社会層に対する裏切りと感じ、自分たちの棲み家が荒らされたかのごとく受け取ったでしょう。――たとえ人は本当のことを確信しても、それをそのように公にはしないものなのに！　おまけに、こうした不用意な発言は、人びとにとって何の役にも立たないばかりか、逆に、人びとをいよいよ貪欲にし、嫉妬させ、増長させるだけだ。おそらく、彼の同時代の人たちは、そのように彼を非難したことでしょう。けれども、彼は見るべきものを明瞭にその目にとらえ、その見た事柄をあえて公言します。それは、神が彼の目を開いてくださり、また、それをあえて語る力を与えてくださったからです。先には、「かつてエルサレムにいた誰よりも私は偉大な者となった」と自慢した人物が、ほかならないこの裕福で名望のある人物が、いまここで赤いベレー帽をかぶって、「太陽の下で行なわれるあらゆる虐げを見た」のです。そして、語るのです。「見よ、虐げられる者の涙を。彼らには慰める者がいなかった。また、彼らを虐げる者の手には力があった。彼らには慰める者がいなかった」と。これは奇跡です。

ついでに言いますと、もしかするとどなたかは、このコヘレトはベルンの町のわれわれのところでも同じように不正や涙を、しかも大いなる不正や涙を見いだしただろうかとお考えになるでしょう。いま試みに、彼がこの夏、観光客としてこの愛すべき古都の町並みをぶらつき回ったと仮定した場合、彼はそこで果たして「花の都ベルン」だけを目にしたでしょうか。それとも、彼の目には、色とりどりのゼラニウムで飾られた窓を透かして、その陰に住んでいる多くの貧しい人たち、それも非常に貧しい人たちの姿が映ったでしょうか。神によって目を開かれた人ならば、こぎれいな正面玄関の背後に、人びとの苦悩を見てとるのです。けれども、目を開かれていない人は、今日、おおまじめに聞き返すでしょう。いったい、ベルンのわれわれのもとには、貧困や社会的不正があるのですかと。事実、われわれは、そもそもこの国には、今日では、貧困は、つまり本当の貧しさや社会的不正なぞは、もはや無く、そうしたものを探そうとするならば外国にでもいかなければならないと考えている、そういう見解の持ち主に出会うことが稀ではないのです。こういう人びとは、貧困や社会的不正と言えば、それは教会の入口のところで物乞いをし、橋の下に野宿し、そして、台所のごみバケツを漁って食べ物を手に入れる貧しい人たちのことだと、考えているのです。そうです、神を抜きにでもしなければ、われわれは、とうてい、このような貧困状態を面白がって絵に描いたり、格好の題材としてカメラにおさめたりすることはできません。けれども、コヘレトは、それ以上に、断腸の思いをしているのです。悲惨、不正を見るにつけ、彼は思わず、すでに永遠に目を閉ざした人びとや、あるいは、まだまったく日の目を見ない人びとを幸いな者と言わざるをえないほど、その深刻さに心を打たれるのです。「いや、その両者よりも幸せなのは、まだ生まれていない人たちである」(三節)。ここでは、他の個所で次のように述べられている、その同じ神がお語りになられているのです。「群集が羊飼いのいない羊のように弱り果て、打ちひしがれているのを見て、深く憐れまれた」〔マタイ九・三六〕。

ところで、コヘレトは、引き続いて二種類の人間の型《タイプ》について記します。彼らと、社会の悲惨や不正とのあいだには、深いところで関係があるのです。

最初に、彼は忙しい者について記します。「また、私はあらゆる労苦とあらゆる秀でた業を見た。それは仲間に対する妬みによるものである」(四節)。それは、「実務家」(homme d'affaires)、すなわち多忙で有能な人物のことです。そういう人間について、コヘレトは言います。彼らはその人生を目に見えない鞭によって追い回されて過ごしているようだ、と。すなわち、嫉妬《しっと》、あるいは、他人よりも、よりいっそう抜きん出た人間となり、よりいっそう優位な地位につきたいとの衝動に、駆り立てられているのだ、と。

「それは仲間に対する妬みによるものである。」これは奇妙です！　普通によく知られているる「妬み」のかたちと言えば、それはもっぱら貧しい人びとの妬みです。もちろん、コヘレトは、事実としてそういう無産者の妬みがあることも知っています。けれども、いま、この曲がったことの嫌いな人物は、普通には語られることの少ない、しかしそれでいて実際にはもっと重大な影響を及ぼす、より危険な妬みのかたちについて記すのです。それは休む間もない多忙な生活の隠れた原因になっています。すなわち、ほかの人びとよりも、よりいっそう高く家を建てたい、よりいっそう速く車を走らせたい、よりいっそう多くほかの車を追い越したい、と。だが、その結果はなんということでしょう。今日では、何気ない路上の停車が、いのちに係わる事故につながるようになってしまっているのです。誰かがひとたびこの種の妬みに振り回されればじめたが最後、それは止まるところのない不幸な事態にいたります。こうした多忙な者については、やがて、ついに次の言葉が当てはまるようになります。「すべて仕事をするということは無慈悲なものだ」と。資産家の妬みは無慈悲となり、野放図となり、そして、いつしか目的を果たすためには手段を選ばないということになります。

たしかに、懐手《ふところで》をしたまま怠惰な生活を過ごす者もまた、認めるわけにはいかないと、コヘレトは言います。「愚かな者は手をこまぬいて、己の身を食い潰す」（五節）。――

いわば、自分の身を食い減らすのです。けれども、ひっきりなしの忙しさという渦のなかに巻き込まれ、――誰が、今日、そうした渦に巻き込まれないことがありましょう！――そして、あなたが多忙な者になってしまったならば、そのときあなたは次の言葉を聞くことになります。「両手を労苦で満たして風を追うよりも、片手を安らぎで満たすほうが幸い」（六節）。気なりに物が増えて取り澄ましていること、両手にものを満たして労苦していること。――おそらく、そこからわれわれの用いている「多忙である」〔直訳すれば「両手を為すべき仕事で一杯にしている」〕という表現が由来したのです。けれども、神は、われわれ人間が休む間もなくあくせくして人生をすごすようにと定められたのではありません。暇が無いということは、神から出たことではなくて、悪魔から出たのです。われわれの世代が仕事や生活のテンポの速さに気をとられるあまり、生活そのものを味わうことができないということは、神の御心ではありません。右手にスープのスプーンをとりながら、左手で新聞に目を通していらっしゃるご主人がたよ、――ほんのいっとき、その手を休ませてごらんなさい。ほんのいっときだけでよいのです。そうすれば、あなたは、心をこめて味付けをしてくれた妻の心映えを感じることができるでしょうし、また、一緒に食卓を囲む子どもたちの表情にも、珍しい客を迎えた時のように笑みが湧くのを見ることができるでしょう。神の御使いは、今日、その両こぶしを

（文字通りこぶしです！）仕事で満たしているこの世代の人々のかたわらに立っています。そして、神の御使いは、ちょうど小さな花束を売っている子どもたちのように、いっときの休息、「ひと握りの休息」を差し出しています。それは、われわれがたましいの生活に必要とする繊細なもの、優しいもの、静かで小さなものにふたたび気づき、そして、取り入れることができるようになるためであり、また、仕事を満たしているわれわれの二つのこぶしが、その無慈悲な緊張状態から解き放たれるためです。神御自身は、すでに、われわれの生活の中に大きな休息のしるしを刻み込んでくださったのではないでしょうか。それは、神御自身の日、神の日曜日、教会の一日です。いっときの安息日の休み、これによってわれわれ世代は健全となり、そして、忙しい者はその両こぶしにこめた烈しい人生の営みから解放されるのです。けれども、このように神によって与えられているいっときの休息を素直に受け入れない者は、ほどなく、狂気にとらわれてしまうでしょう。まことに、「両手を労苦で満たして風を追うよりも、片手を安らぎで満たすほうが幸い」なのです。

ここにのべられる第二の人間の型《タイプ》は、孤独な者です。「たとえ一人が倒れても、もう一人がその友を起こしてくれる。一人は不幸だ。倒れても起こしてくれる友がいない」（一〇節）。ニーチェは、おそらく、急に襲ってくる不安感の中でこの言葉をかみしめたことでしょう。こうした孤独な人間の側には誰もくみしません。「一人の男がいた。孤独で、息子も兄弟もない」（八節）。彼はただ一人であり、完全に一人です。「彼の労苦に果てはなく、彼の目は富に満足しない」（八節）。コヘレトがここで述べるのは、金銭に凝り、あくまでもこれに執着する人間のことです。金を儲けるためにはすべてのものを犠牲にする人間のことです。妻の愛情も、子どものほほえみも、家庭生活や仲間も、すべてを犠牲にして金に執着する人間の型のことです。彼にとっては、仕事がすべてであって、人間のことなぞまったく眼中にありません。「彼の労苦に果てはなく、彼の目は富に満足しない」（八節）。こうした徹底した人間には一種の偉大さが感じられます。だが、それは人間としての偉大さではなく、人間らしくないことの偉大さであって、死や滅びについて感じる時のそれに似通った偉大さです。なるほど、そのような人間にも、時として、わずかばかり人間らしい気持ちが湧く時があるでしょう。内気な叫び声のように、時たま、たましいが語りかけます。「誰のために私は労苦し、私自身の幸せを失わなければならないのか」と（八節）。けれども、そういう時、そうした人間らしいささやき声はすぐさま力で抑圧されてしまいます。「労苦に果てはない」以上、もはや何事も何者も、受け入れる余地がありません。そして、そこでは、ついに、次の悲しみや嘆きの声が聞こえます。「一人である者は、わざわいである」と。

こうした孤独な者に対して、コヘレトは人の交わりの大切なことを説き聞かせます。「一人より二人の方が幸せだ。――たとえ一人が倒れても、もう一人がその友を起こしてくれる」（九節－一〇節）。また、二人は互いに暖かさを与え合う、と。ここには、近東地方の人びとが夜寝る時の様子が映し出されています。彼らは、それぞれ身にまとう唯一の衣服である上着でもって、その身をくるみます。特に冷える夜、二枚の上着によって暖をとる必要のある時には、二人がめいめいの上着を重ねて、ともに横になるのです。「二人で寝れば温かいが、一人ではどうして暖まれよう」（一一節）。危機に直面した時にも、仲間があることは強みです。ひとりが他のひとりを助けることができるからです。「たとえ一人が襲われても、二人でこれに立ち向かう」（一二節）。一般に、二度縫ったものは、よりいっそう丈夫であり、そして、「三つ編みの糸はたやすくは切れない」（一二節）のです。こうした交わりの勧めは、どこか合理的で、打算的にすら感じられます。孤独な者にとってどんなに利口そうに思えることでも、コヘレトは、それについて、次のように告げます。すなわち、人生の決定的瞬間に際して、そのこざかしさのゆえに馬鹿を見ることがないように注意しなさい、と。

交わりは孤独にまさるのです。そうです、人が独りあることの寂しさがどんなにやむを得ず宿命的なものであるにしても、また、その苦しみは十字架として耐えねばならないというのがどんなに真実であるにしても、それでも、ともかく、孤独ということはあるのであり、それは運命ではなく、咎なのです。孤独は、まさしく、罪となるのです。神は、人間が独りあることを望まれません。聖書の開巻第一頁において、「神は見て、良しとされた」と繰り返し述べられているところに、突如として、「……良くない」と告げられる個所を注意してごらんなさい。そこでは、孤独であることが問題となっているのです。「神である主は、言われた。『人が独りでいるのは良くない』」〔創世記二・一八〕。神は、人間が独りあることを決してよしとなさいません。それゆえに、神御自身がキリストを通してわれわれ人間のもとに降って来られ、われわれの独房の中へと介入して来られ、キリストがわれらの兄弟と成ってくださることによって、われわれの独房監禁状態を最終的に終わらせてくださいました。コヘレトがここに描写しているように、自分のほかに誰をも持たない者、すなわち子無く、兄弟無き者であろうとするには、人はキリストを拒否しないわけにはいかないのです！　そうです。そのように、あくまでも自分「一人である者は……不幸」なのです！　けれども、キリストの教会が存在するようになってからは、誰ももはやひとりで倒れ、ひとりで戦い、ひとりで生き、ひとりで死ぬ必要はなくなりました。かの時以来、人は教会の肢《えだ》として、隣人として、兄弟として戦い、倒れ、死ぬのです。もはや、人はいまや、いったい、交わり《ゲマインデ》〔「教会」とも訳せる」はどこにあるのかとは問わないのです。交わり《ゲマインデ》はそこに在ります。われわれのミュンスター教会の域内にもあります。交わり《ゲマインデ》を求める者は、これを見出し、そして、孤独な者というおそろしい状態から解き放たれるのです。

次にコヘレトは、まことに呆れてしまうような現実のあることに言及し、そして、この章を閉じます。すなわち、太陽の下にはこのようにも多くの不正があるのに、人はこれを変えることができないのだろうか。いったい、社会秩序の変革や、それと共に、政治や経済の仕組みの是正をはかったりすることは、最初からまったく見込みのないことなのだろうか。せめて、出来事の歯車を、一度、わずかばかり動かしてみるという試みをあえてやってみるべきなのではなかろうか。――たとえば、権力者が野に下って、支配されることがどんなことかを自分の身に経験してみたり、抑圧されている者をとりたてて、事態の改善に尽くす機会を与えたりするなどのことによって。赤いベレー帽をかぶった人は、この問いを熟考してみました。これについて彼が与える答えは、今日では、たいへんよく理解のできるものです。彼は、何もより良きことを諮ろうとしない、ひとりの老いた王と、人間社会の底辺から、つまり牢獄から出てきて王位についた、ひとりの賢い少年について語ります。「牢から出て、王位についた者と、自分の国に生まれて、落ちぶれた者」（一四節・自由訳）とについて、です。そして、すべての民は、卑しい状態から身を起こした王を歓迎します。「太陽の下、生ける者すべてが、代わって立ったこの少年に味方するのを、私は見た」（一五節）。コヘレトがここに記しているのは、あきらかに、革命的出来事です。古くなり、頑迷な支配権力や社会体制は、その頑迷さのゆえに、倒れます。あきらかな不正をただださず、保持すべきでない害悪を持ち続ける、その無能さのゆえに、崩れます。そこでは、もっとも低い社会層からひとりの人物が現れ出て、大衆の熱狂的支持をかちとるにいたります。「彼らは、彼の先を行き、また後に従う」のです。この登場してきた人物に対する期待は大きくふくらみます。今や、すべては新しくなり、いっさいが変わるだろう、と。そして、ごらんなさい、若干のものは事実として改善されます。事実、「貧しくても知恵ある少年のほうが、もはや忠告を聞き入れない老いた愚かな王よりまさる」（一三節）のです。けれども、最初の興奮のあとには、「新参者はよく働く」という諺にもあるように、時として、冷静さが戻ってきます。そして、なるほど革命はいくらかの良いものをもたらしはしたけれど、世界は変わらず、また、なるほど革命は多くの虫食い個所を除きはしたけれど、また同時に、いくらかの古い良い家具までも破壊し、それでいて、世界と時代は変わりはしないということに、人々が気づくにいたります。なぜなら、革命は人間を変えはしないという、単純な理由のゆえです。「これもまた空であり、風を追うようなことである」（一六節）。

それならば、結局、すべては古いままに留まるのでしょうか。虐げられる者の涙は永遠にかわくことがなく、力ある者は永遠に力なき者らを苦しめ続けるのでしょうか。コヘレトが、死者や、あるいは、まだ生まれてこない者らをうらやんだことは、ついに正しかったのでしょうか。そのとおりです。けれども、一つの変化があります。しかも遠い将来のこととしての変化というのではありません。その変化はすでに始まっています。そして、着々と進行しています。一人の少年が生まれました。ほんとうに底辺の所において、です。そして、彼は、「牢から出て、王位についた」のです。このような王がいますことを知る者は、この神によるみどりごの誕生以来、古い不正な世界の清算が始まり、同時に、愛と正義と平和の新しい世界の建設が開始されたことを知るのです。そして、おどろくべきことには、この古い世界のただなかにいる人間が、この新しい御国の市民となり始めているのです。先にコヘレトは、低いところから身を興した人物について、「彼らは彼を喜ばない」と語りましたが、しかし、時代の変化をキリストに期待する者は、誰も失望することがありません。この王とその御國を、人は喜ぶことができるのです。

第5章　神殿に行く時には、足に気をつけなさい

【第4章】神殿に行く時には、足に気をつけなさい。聞き従おうと神殿に近づくほうが、愚かな者がいけにえを献げるよりもよい。彼らは知らずに悪事に染まるからだ。

【第5章】神の前に言葉を注ぎだそうと、焦って口を開いたり、心をせかしたりするな。神は天におられ、あなたは地上にいるからだ。言葉を控えよ。仕事が増えれば夢を見、言葉が増せば愚かな者の声になる。神に誓いを立てたら、果たすのを遅らせるな。愚かな者は喜ばれない。誓いを立てたことは果たせ。

誓いを立てて果たさないなら、誓いを立てないほうがよい。口によって身に罪を負うことのないようにせよ。使いの者の前で「あれは過ちだった」と言ってはならない。神がその声に怒り、あなたの手の業を滅ぼして、なぜよいだろうか。夢が多ければ、ますます空しくなり、言葉も多くなる。神を畏れよ。

この州で貧しい者が虐げられ、公正と正義が踏みにじられるのを見ても、驚くな。位の高い役人が見張り、その上にはさらに高い位の者たちがいるのだから。何よりも国の益となるのは、王自らが農地で働くことである。

銀を愛する者は銀に満足することがなく、財産を愛する者は利益に満足しない。これもまた空である。富が増せば、それを食らう者たちも多くなる。持ち主は眺めるほかにどのような得があるのか。たらふく食べても、少ししか食べなくても、働く者の眠りは快い。富める者は食べ飽きていようとも、安らかに眠れない。

太陽の下で私は痛ましい不幸を見た。富を蓄えても、持ち主には災いとなる。その富はつらい務めの中で失われる。子が生まれても、その手には何もない。

母の胎から出て来たように、人は裸で帰って行く。彼が労苦しても、その手に携えて行くものは何もない。これもまた痛ましい不幸である。人は来た時と同じように去って行くしかない。人には何の益があるのか。それは風を追って労苦するようなものである。人は生涯、食べることさえ闇の中。いらだちと病と怒りは尽きない。

見よ、私が幸せと見るのは、神から与えられた短い人生の日々、心地よく食べて飲み、また太陽の下でなされるすべての労苦に幸せを見いだすことである。それこそが人の受ける分である。神は、富や宝を与えたすべての人に、そこから食べ、その受ける分を手にし、その労苦を楽しむよう力を与える。これこそが神の賜物である。人は人生の日々をあまり思い返す必要はない。神がその心に喜びをもって応えてくれる。

「神殿に行く時には、足に気をつけなさい」〔四章一七節〕。これは妙です。山に行く時、氷壁をのぼる時、あるいは交通のはげしい通りを横断する時、さらにわたしに言わせれば、酒場に出かける時、ダンスホールに通うとき、そういうときには、——というのならまだしも、そうではなくて、「神殿に行く時には、足に気をつけなさい」と述べられるのです。よりによって、教会に足を運ぶことが危険であるとは、すぐには納得しかねます。

コヘレトが言うように、聞くためにわれわれは神殿に足を運びます。今日ならば、説教に耳を傾けるために、と表現するところでしょう。もちろん、この場合に一番問題なのは、その説教ということによってわれわれは何を理解するのかという点です。説教が、誰かある人の意見の陳述だということならば、それを聞きに行くことは別に危険なことではありません。いろんな意見が多くあり、それぞれが食い違っているのは当然であって、人は自分の意見とほかの人の意見とを心ゆくまでにたたかわせるものなのですから。教会というものが、もしも気ままに語り合う談話室のような場所だとすれば、そういう教会は危険でも何でもありません。そのような場合には、コヘレトはとりたてて「足に気をつけなさい」などと語る必要はないのです。けれども、もしもわれわれが、そこで神の言《ことば》を聞き、そこで共に聖書朗読や解き明かしを聞かされることによって神の御意思《みこころ》に従う者になろうという志や心構えをもって、神殿に行くのだとしたら、もしもその朗読されるテキストが神の御言葉なのだとしたら、——もとより、コヘレトは罪ある者として一片の知識しか持ち合わせていません、――しかしまた、もしも解き明かす人が恵みを得て神の言を解釈するのだとしたら、そして、この非常に欠けるところの多い作業を通して神が会衆に語りかけ、教会に出会われるのだとしたら、――そうです、そうなりますと、急に、教会の礼拝に参加することは、ただでは済まされない冒険となるのです。そうだとすると、急に、このコヘレトが告げる警告には十分な理由があることになるのです。「神殿に行く時には、足に気をつけなさい。」神がそこで御言葉をもってわれわれに語りかけてくださる、そういう神殿というのは、いくぶん裁判所に似たところがあります。すなわち、罪がただされ、有罪あるいは無罪の宣告が聞かされる裁判所です。ただ相違しているのは、地上の裁判所ではこの世の枠内での処罰や無罪の判決だけが問題になるだけなのに、神殿ではいつも、この世の枠を超えた処罰や無罪の判決が問題となり、永遠にわたって神の言葉が繋ぎまた解くということが起こるのだという、その点です。すなわち、祝福とのろい、永遠のいのちと永遠の死、陰府と天国、永遠の裁きと永遠の救い、というように、です。ですから、神殿に行く者は最も厳密な意味での利害得失を期待することになるのです。神殿におけるほど、決定的に利害得失が明らかになる場所はほかにありません。かの徴税人はそのことを知っているのです。すなわち、神殿にのぼった徴税人について次のように記されます。「徴税人は遠くに立って、目を天に上げようともせず、胸を打ちながら言った」（ルカ一八・一三）。また、モーセのような人物にも、その最初の神との出会いに際して、次のような呼びかけがあったのです。「履き物を脱ぎなさい。あなたの立っている場所は聖なる土地である」（出エジプト三・五）。伝承によれば、聖書には記録されていませんが、おそらくイエスの真正な言葉と理解されるものに次のような言葉があります。「わたしに近づく者は、火に近づくのである。」あなたが神殿に行く時には、注意しなさい。あなたは火に、すなわち地獄の火もしくは天国の火に、裁きもしくは恵みに――（両方ともに天来の火です）、――近づくことになるのです。ですから、「神殿に行く時には、足に気をつけなさい」、です。あなたは、その時、中立地帯に赴くのではないのです。そして、神の神聖さをわきまえつつ、教会に行く者こそ、まことに教会に足を運ぶ者であり、また、次のように語ることのできる者なのです。「主よ、私はあなたの住む家を、あなたの栄光の宿るところを慕います」（詩編二六編）。「あなたの庭で過ごす一日は、私の選んだ千日にもまさる」（詩編八四編）。あるいは、「万軍の主よ、あなたの住まいはなんと慕わしいことでしょう。私の魂は主の庭に思い焦がれ、絶え入りそうです。生ける神に向かって、身も心も喜び歌います。あなたの祭壇の傍らに小鳥さえも住みかを見つけ、つばめも巣をかけて、雛を育てています。万軍の主、わが王、わが神よ。幸いな者、あなたの家に住む人は。彼らは絶えずあなたを賛美します」（詩編八四編）。

さらにコヘレトは続けて、次のように語ります。すなわち、われわれが神殿に行くのは御言葉を聞くためだけでなく、祈るためにもそうするのであると。

われわれはさまざまの訴えを携えつつ、神の御前に出ます。われわれは、ここで、兄弟姉妹の群れと共に、神に助けを願い求めます。そして、いま、コヘレトは、その祈願に関して、またもや次のように語るのです。注意しなさい、「足に気を付けなさい」、「焦って口を開いては……いけない」（一－二節）。もしもわれわれが祈る時には、「異邦人のようにくどくどと述べ」ないがよい、と（マタイ六・七参照）。地上の王者の前においてすら、口数の多いことは慎むべきこととされます。いわんや、おごそかな神の御前ではなおさらのことです。「神は天におられ、あなたは地上にいるからだ」（一節）。祈りをお聞きいただくというときには、特にその点を銘記していなくてはなりません。祈る多くの人びとは、神を偶像と取り違えて、失敗してしまっているのです。神は、御自身の御旨にかなった時期や場合や方法にしたがって、祈りをお聞き届けになるのです。神が祈りをお聞きになる時、神は主であり、そして、祈る人はその被造物なのです。神は、われわれの気ままな願いや注文に左右されることはありません。援助をお与えになる時にも、神は主であられます。神がどんなにその御意思《みこころ》にしたがって援助を与えられるかということは、救いを求める地上のあらゆる叫びが、イエス・キリストを地上におつかわしになるという独特なかたちによって答えられている、その事実に照らしてあきらかです。あの、十字架の上に、神の救いはかかげられています。このような形で救いが成就することは、誰にも好かれるというものではありません。ですから、「神の前に言葉を注ぎ出そうと、焦って口を開いたり、心をせかしたりするな。神は天におられ、あなたは地上にいるからだ。言葉を控えよ」(一節)。

そして、次にコヘレトは、われわれが何のために神殿に行くのかについて、さらに言葉を続けます。御言葉を聞くためだけではなく、――もちろん、第一にはそのためです。――また、祈るためだけでもありません。われわれは、よい志に生きる者、倫理的な人間となるためにも、神殿に行くのです。ああ、しかし、どんなに多くの善意が礼拝において一つに合わされていることか、それは神のみが御存じです。人びとは奮い立って、礼拝に出かけたのでした。はっきりと決心し、スタートを切ったのでした。神殿への道を急ぐとき、人びとの心は善意にあふれ、明るく燃え立ったのでした。けれども、ほかならぬその人びとが、善意の人びとが、しみじみと思い知らされるのです。倫理的な人間であることがどんなに難しいことなのか、を。皆様もご経験がありでしょう。志は高くいだきながら、それでいて僅かすらもこれを実現できずにいる苦しい緊張があるということを！　われわれは神殿に行き、われわれの束縛状態、不義、罪についていよいよ深く知らされます。われわれは、立ち上がってはまた倒れるような者として、また、月曜日に第一歩を踏み出しても水曜日にはすでに二歩後退するような者として、神殿へ行くのです。家庭や職場での重荷を担いつつ、また、わが血肉にまつわる苦労を背負いつつ、神殿への道をたどるのです。日曜日の朝、教会への道すがら、そこにはどんなに多くの破れた善意、挫折した聖なる決意が見られることでしょう！　コヘレトは、正しくも、この個所で、神の御前における誓いについて語ります。けれども、ほかならぬこの個所で、いま、コヘレトは、ふたたび指を一本高くかざしつつ、警告するのです。神の家では、むしろ、多く誓わないがよい、と。あなたは家路についたのち、外の冷え冷えする空気に触れて、それを悔やむかもしれないのです。あなたは、あとで、そのような誓いなぞ心に思いもしなかったと、弁明するかもしれないのです。けれども、一度立てたわれわれの誓いはすでに神に聞かれてしまっているのであり、どうあってもとりかえしがつかないのです。「神に誓いを立てたら、果たすのを遅らせるな。愚かな者は喜ばれない。誓いを立てたことは果たせ。誓いを立てて果たさないなら、誓いを立てないほうがよい」（三－四節）。

ですから、コヘレトは、神殿でわれわれが心の内をすべて打ち明けて誓いを立てることについては、まことに控え目です。人間の実情をよくわきまえているからです。この冷静で、妄想にとらわれることのない人物は、そうした善意の誓いがけっして天につながるのでなく、かえって滅びに結びついていることを知っています。この人物は、われわれがどんなにすぐれた志を持ち、どんなに立派な誓いを立てたところで、われわれは、結局、自分をどのようにも変え得ないことを知っています。自分の肌の色をかえたり、自分の影から逃れたり、あるいは、自分自身をあがないだすことができないことを知っているのです。自分が完全に自分をあがなうということは、けっして、どんな方法によってもできません。そうした可能性はわれわれには、徹頭徹尾、拒まれています。どんなにそうありたくとも、です。——しかし、この旧約の賢人は、あることを知らずにいます。すなわち、自力によるあがないを望みつつもそれを果たせずに無気力と嘆きのうちにある人の子らを、神がごらんになり、御心にとめられ、そして、われわれを憐れんでくださったこと、また、われわれが自分で自分を引き上げることができずにいるために、神がそのあがないのわざを御自ら引きうけられて、イエス・キリストを贖い主としてわれわれのもとにおつかわしになったということを。事実、砕けた悔いた心を神は軽蔑なさらず（詩編五一編）、傷ついた葦をお折りになることがなかったのです（イザヤ四二・三）。神はイエス・キリストをわれわれのあがないとしてお立てになりました。けれども、思い違いしてはなりません。そのことは、われわれにとって、一つの大きな躓きなのです。自分で自分を贖い得ないということ、われわれが贖い主を必要とすること、――それはわれわれの無力さの公然とした証明にほかなりません。神殿でキリストの十字架が宣べ伝えられるという限りは、太陽の下において、キリスト教会ほど忌々しい場所はないのです。であればこそ、われわれが教会に赴く時には、その道筋にまことに大きな危険が潜み隠れ、待ち伏せし、われわれをうかがっているのです。牧師に不満であるということは、まだ、たいしたことではありません。自分の配偶者や部下や上司に対して不満であるということも、困ったことではあるが、しかし、それとても最悪の事態というのではありません。けれども、もしもあなたが神に対して腹立たしいというのであれば、これはまことに由々しい大事となるでしょう。神殿では、あなたに対して贖い主が宣べ伝えられ、指し示されます。そして、あなたはこれを自分に対する侮辱とうけとめるか、あるいは、心からの感謝をささげるかどちらかなのです。神殿では贖い主の御名が高らかに告げ知らされます。だから、だからこそ、注意すべきなのです。「神殿に行く時には、足に気をつけなさい。」

ところが、今や、この場所では、貧しい魂がその腹立ちを克服して、恵みを得るということ、すなわち十字架によって捉えられるという出来事が起こることもあるのです。

そういう事態が起こった時期《とき》、場所《ところ》ではいつも、神殿は天の玄関へと変わります。その時、神殿は天国に通じる扉を見出す場所となり、そして、人びとは陰府の入口が閉ざされる音を耳にするのです。そして、その時、人びとはその場所で、天上において御使いたちが行っている務め、すなわち祈り、賛美し、感謝をささげるという務めを新たにやり始めるのです。ここでは歌声がひびき、それは道行く人びとの耳にまで達します。そして、かの聖卓への陪餐、すなわち「永遠のいのちに至る食物と飲み物」を受ける聖卓にはべることは、一切の祝い事にまさる慶事となります。やがて、ふたたび会衆は、こうした神殿の礼拝から立ち上がり、そして、贖われて、喜びと平安に満たされつつ、出て行きます。ただし、そこで、つまり家路につき、神殿から帰宅する道すがら、ふたたびコヘレトの指は挙がり、やや言葉を変えて、次のような警告の声が聞こえてきます。「神殿から出て行く時には、足に気をつけなさい」と。礼拝を終えて家路をたどるその途中にも、またもや危険が待ち構えているのです。ただ一つの、しかしそれだけに確実な危険、すなわち忘恩の罪が待ち構えているのです。キリストが贖い主となってくださったことへの感謝がわれわれのもとにとどまらず、これを我が家まで携えないということ、また、喜びがとどまらずに、呟きがふたたび氾濫するということ、そのことが教会の扉の外で礼拝参加者を待ち構えている一つの危険です。神は「義とされて家に帰った」〔ルカ一八・一四〕徴税人に感謝を期待なさいます。働きとなって表にあらわれる感謝、「心と口と手による」感謝です。われらの信仰の先達たちは、自力によるあがないの試みという意味での善行についてはこれを固く拒絶しましたが、しかし、感謝から出るわざ、すなわち、神殿の聖卓から立ち上がった者の感謝のわざ、神の御前に義とされて、励まし・喜び・慰めを得た者の感謝のわざについては、これを熱心に告げ知らせたのでした。

信仰と生活、神殿とこの世との間にあるこの聖なるつながりのことを、われらのコヘレトもまた心得ています。はじめの部分で、説教を聞くこと、祈ること、誓いを立てることについて論じているこの章が、いまや、唐突に世俗のこと、日常生活のことに話題を継いだとしても、それはちっとも偶然ではありません。神殿を辞して後、外で最初に出会う人びとのなかで、まずコヘレトがわれわれの目を向けさせるのは、貧しい人たちです。「この州で貧しい者が虐げられ、公正と正義が踏みにじられるのを見ても、驚くな。位の高い役人が見張り、その上にはさらに高い位の者たちがいるのだから」（八節）。これによってコヘレトが言おうとすることは、貧しい者の問題は神の事柄だということです。神は治める者をこの世にお立てになりました。それは、力の弱い者を力の強い者から保護し、小さき者を大いなる者の横暴から守るためです。けれども、もしもその治める者が保護と監視の務めをおろそかにするならば、そのとき、彼らは覚悟すべきなのです。すなわち、彼らは単に上司や、さらにその上の機関に対して怠慢の責めを負うだけでなく、結局は、あらゆる者の上にいます至高の支配者の御前に、その責めを負わねばなりません。ですから、神殿を出て家路につき、そこで貧しい隣人に出会うという場合には、足に気をつけるのがよいのです。

神殿を後にした場合のことについてコヘレトが述べる第二のことは、富める者に関してです。いささか興味があることには、コヘレトは財産や富そのものを不正なものとは見ていません。そうではなくて、金銭を愛することが悪であるとみるのです。あたかも、メンドリが卵をかかえてどっかりその上に坐り込んでいるように、金に執着し、金の上に坐り込んでいることの不正について説くのです。金や財産や財産をたくわえ、宝を積むこと、それが不条理なのです。「富を蓄えても、持ち主には災いとなる」(一二節)。富をたくわえながら、もしかしてこれを泥棒に盗み出されたり、あるいは、他人に気取られたりすることを思って、不安のあまりに夜も落ち着いて眠れないというようなこと、それが悪なのです。「たらふく食べても、少ししか食べなくても、働く者の眠りは快い。富める者は食べ飽きていようとも、安らかに眠れない」(一一節)。どんな犠牲を払ってでも富を保とうとする者、また、その生涯の間、他の人々のためにこれを活用するようには富を持とうとしない者、そういう人間は最後の死に直面して、その富と別れねばならなくなった時にいたって、さぞかし辛い思いをするでありましょう。「母の胎から出て来たように、人は裸で帰っていく。彼が労苦しても、その手に携えて行くものは何もない。これもまた痛ましい不幸である。人は来た時と同じように去って行くしかない。人には何の益があるのか。それは風を追って労苦するようなものである、人は生涯、食べることさえ闇の中。いらだちと病と怒りは尽きない」(一四―一六節)。ここで、わたしはある資産家の金庫の中にあった一枚のメモを思い起こします。彼は、その生涯を通して神の御前に責任を覚えつつ、その財産管理に当たったのでした。その紙片には次のように記してありました。「つねに与えんがために備えせよ。物惜しみゆえに汝の賜物を損なうな。汝の終わりの日の衣服には物入れの付いていないことを記憶せよ」と。

最後に、コヘレトはこうした金銭や財産にたいする正しい取り扱いについて記します。すなわち、終わりに彼は次のような認識に到達するのです。「見よ、私が幸せとみるのは、神から与えられた短い人生の日々、心地よく食べて飲み、また太陽の下でなされるすべての労苦に幸せを見いだすことである。それこそが人の受ける分である」(一七節)。神の御前に感謝しつつ責任をもって働き、金を手に入れる。そして、同じように、神の御前に感謝しつつ責任をもって食い、飲みし、そして、金を次代の者に手渡していく。そのことがわれわれが地上において為しうる最善のあり方です。なるほど、それはまことに慎ましやかです。けれども、それ以上を望む者は、かえって、失うものが多いことを悟るべきです。コヘレトは、信仰と生活が緊密に結びついていることを見ており、金銭の損得にまで信仰がかかわっていることを説きます。その場合、おおいに注目させられることは、コヘレトはここで安易な人生の処方箋を示しているのではないということです。彼がここで述べていることは、新しい処世術ではありません。いいえ、彼はけっして処世術論者ではありません。すべての処世術は、彼にとっては――全章をとおして見られるごとく――もはや問題にはなりません。彼が強調することは、問題は神からの賜物ということにかかわっているということです。誰ひとりとして、もしも神から恵みを賜わるのでなければ、金銭を正しく手に入れることはできません。また、誰ひとりとして、自分がまず恵みを受けた者としてでなければ、金銭を正しく使うことはできません。「神は、富や宝を与えたすべての人に、そこから食べ、その受ける分を手にし、その労苦を楽しむよう力を与える。これこそが神の賜物である」（一八節）。したがって、われわれは来たる審きの日には、単に、自らの口から出た不用意な言葉についてだけでなく、われわれの手のうちに入った一枚の銅貨についても、弁明を求められるのです。ですから、神殿から出る時には、足に気をつけるがよいのです。そして、もしもあなたが、このコヘレトと同じように、すべてのものが賜物であり、恵みであると受けとめられる時、そして、あなたがもはや自分自身の足で立ち、また、歩こうとするのでなくて、神によって立たされ、また、歩まされることを欲する時、そのとき、あなたは足に気をつけることになるのです。

「神殿に行く時には、足に気をつけなさい。」ベルナートラントに、この言葉が掲げてある礼拝堂があります。それは教会堂の西側の正面玄関の上に記されています。その教会で四〇年間ものあいだ牧会に尽くした牧師――彼はたいそう有名で、カルヴァン研究で人並み以上に知識や理解にすぐれた方でした――が、半世紀ほどまえに、これを刻ませたのだそうです。その時以来、この都会から離れ不便な山あいの谷間に住む、苦労の多い人びとは、日曜日に教会堂に集うたびごとに、この言葉にふれることになりました。思うに、それは彼らにとって、さぞかし厳しい歓迎の言葉となったでありましょう。けれども、その牧師以上に厳しいお方がわれわれを待ち構えておられます。ミュンスター教会の礼拝に参加するたびごとに、われわれにも表玄関の上から終わりの審きの日の挨拶を送っておられるお方です。だが、こうしたことは、礼拝堂に関するかぎりは、まことにふさわしい歓迎の挨拶だと思うのです。なぜなら、礼拝堂には、キリストの唯一の恵みが宣べ伝えられる説教壇がたてられており、また、今朝もわれわれを次のように招いている聖餐卓が据えられているのですから。「すべて重荷を負って苦労している者は、私のもとに来なさい」〔マタイ一一・二八〕。

第6章

太陽の下、私はある災いを見た

太陽の下、私はある災いを見た。それは人間に重くのしかかる。神が富と宝と栄誉を与えて、望むものは何一つ欠けることのない人がいた。だが、神はそれを享受する力をその人に与えず、他の人がそれを享受することになった。これも空であり、悪しき病である。

人が百人の子どもを得て、長い年月を生きたとする。人生の歳月は豊かであったのに、その幸せに心は満たされず、また埋葬もされなかった。ならば、死産の子のほうが幸いだ、と私は言おう。確かに、その子は空しく生まれ、闇を歩み、その名は闇に覆われる。太陽を見ることも知ることもないが、この子の方が彼よりも安らかである。たとえ千年を二度生きても、人は幸せを見ない。すべての者は一つの場所に行くのだから。

人の労苦はすべて口のためである。だが、それだけでは魂は満たされない。愚かな者にまさる益が知恵ある者にあるのか。人生の歩み方を知る苦しむ人に、何の益があるか。目に見えるほうが、欲望が行き過ぎるよりもよい。これもまた空であり、風を追うようなことである。

すでに存在するものは名前で呼ばれる。人間とは何者なのかも知られている。人は自分より強い者を訴えることはできない。言葉が増せば、むなしさも増す。それが人にとって何の益になるのか。
空である短い人生の日々に、人にとって何が幸せかを誰が知るのだろう。人はその人生を影のように過ごす。その後何が起こるかを、太陽の下、誰も人に告げることができない。

「コヘレトの言葉」は、これを軽く読み流す人にとっては全体が灰色一色の単調なものとしか映らないでしょうが、注意深い読者ならば、各章また全章にわたって、そうではないことを認めるにちがいありません。いいえ、この書には明瞭な一つの流れがしかも先へ先へと進む流れがあるのです。はじめの部分の六つの章には、――その第六番目の章を今われわれは開いています。――人生について、その長さ、広さ、高さ、深さをくわしく検討した末にコヘレトが得た結論が記されています。そこでは、太陽の下にある人間の生活が一歩一歩たどられ、検証されています。また、さまざまな事柄の価値についても念入りに検討が加えられ、そして、いわば、例外なしに、それらがあまりにも価値の低いことが明らかにされます。第七章に入ると、本章の明るい後半の部分（八－一二章）が開始される転回点を迎えることになりますが、それに先立って、第六章ではもう一度前述のような人生の検証が行われます。それは容赦なく徹底的に行われるので、われわれは完全にひっくりかえされたり、最後的に倒れたままになってしまったりしないために、努力を必要とします。われわれは、ここでしっかり目を見開いて、わずかの光が差し込んでくる個所を見つめたいものです。第六章において、その光が差し込んでくる窓は第一〇節がそれにあたるようです。そこには次のように記されます。「人は自分より強い者を訴えることはできない」(一〇節)。

ある力強い者、まことに力強い者、誰にもまさって力ある神がおられます。そのかたを前にしてはわれわれはただ口をつぐみ、屈服せざるをえないようなお方です。「すでに存在するものは名前で呼ばれる。人間とは何者なのかも知られている。人は自分より強い者を訴えることはできない」(一〇節)。この言葉は、特に暗い第六章において、最も力強い言葉であり、また、最も明るい言葉です。そして、それは喜ばしい言葉でもあります。――これまでのところ、実は、あらゆるものが空であることを悟りつつも懸命にこれに耐えてきたこのコヘレトが、結局はひとりのニヒリストではなかったという疑いを、われわれは容易に拭いきれずにきたのです。彼はやはりニヒリストにすぎないのかどうか。そうした問いに対して、第六章は明快な答えを提供します。――ここには、いくつかの問いの言葉があります。「すべての者は一つの場所に行くのだから」(六節)。「空である短い人生の日々に、人にとって何が幸せかを誰が知るのだろう。人はその人生を影のように過ごす」(一二節)。「その後何が起こるかを、太陽の下、誰も人に告げることができない」（一一節）。人のいのちについては、それは「影のように過ごす」とさえ言われます（一二節）。――これは、ほかならないニヒリズムの主張そのものではないでしょうか。人間研究の道を勇気をもって最後までたどったこの人物が見たもの、それは何なのでしょうか。現実に目に映る事柄の端に立って、外側から彼は何を見たのでしょうか。それは、事実として、無であったのでしょうか。あらゆる時代にわたって物思う人びとを重苦しくとらえ、今日また、ふたたび、多くの人びとを暗い思いに沈ませている事柄、すなわち、単に「価値の転倒」だけでなく、あらゆる価値は低落し、まさに無価値になるという思い、そうした思いが、ついに、このコヘレトをも捉えたのでしょうか。これまで懸命に抵抗してきたそのような思いに、いまや、彼は降参してしまったのでしょうか。あたかも、美しい、固い大きなクルミのように見えた人生を、あえて力と勇気をもって打ち割り、内部をのぞき込んでみた時に、彼はそれが空っぽであったことを知ったというのでしょうか。物事の核心は、ついに、手ごたえのある核心というようなものではなく、ちりとかびでしかなかったのでしょうか。彼がすべてのものの行きつく先と見た場所は、所有する者のない未開の地だったのでしょうか。そして、それは愚かな者が待ち望む日、すなわち決して「来ることのない日」なのでしょうか。

もしもあなたがたが「コヘレト」をニヒリストと呼びたいのなら、そうです！　彼はニヒリストです。彼は、ともかくも、人生の一隅や、あるいは、その隠されたひだの部分まですみずみにまで目を通したのでした。彼は、世のいわゆるニヒリストよりも、もっと徹底的に、また、根本的に、これを実行したのです。彼は無の正体をきわめるのに、最後の五分間まで、いいえ、すべては無だと知られたのちの、そのあとの五分間まででも、入念に探究を続けました。だが、そこで、すなわち最後の最後のところで、いわば無を越えた五分間ののちに、一つの現実との出会いが生じるのです。そして、その現実というのは神そのかたです。彼は神に出会うのです。すなわち、はじめに無から世界を創造なさった神に出会うのです。そして、コヘレトはここで次のように告げます。この神の御前に立つときには、かつてヨブがそうであったように、人は、まことに、自分がどんなに小さな存在にすぎないかを認めざるをえなくなるのだ、と。この神の御前にあっては、人はもはや何か自分がひとかどの者であるかのように振舞うことはできず、ただ沈黙を守るだけなのです。「人は自分より強い者を訴えることはできない。」この人物には、すなわち事柄のきわみにおいて、まったくのきわみにおいて神に出会ったこの人物には、神をおそれ畏《かしこ》む理由が大いにあるのです。実際に神の御手にとらえられた者は、自分自身が何者でもなく、また、何物をも所有していなくとも、その事実をよろこんで承認するものです。しかし、神の御前にあっては、人は無よりもわるい者であり、そこでは人間は負債を背負った者、まさにゼロよりもずっとずっとマイナスへと落ち込んでいる者です。一言で言えば、神の御前にあっては、人間は負い目ある者なのです。この場合のコヘレトのように、人間は神の御前に何も誇るべきものをもたないということを認める立場からすれば、もはやニヒリズムなぞというものは、最後の、絶望的なまやかしの隠れみののようなものでしかなく、神の御前から責任逃れしようとする、それゆえに自分が罪人であることを認めまいとする、卑屈で、陰気で、うっとうしい、こざかしい試みでしかありません。作戦には偽装とか煙幕とかいう言葉があります。ニヒリズムは、神の御前に自分の身をくらまそうとする一つの試みなのではないでしょうか。けれども、そうした虚無の堅固な砦《とりで》の中に逃避し、立てこもることは、結局、成功しないと、コヘレトは語ります。神の手はあまりに強く、神の目はあまりに鋭く、そして、神の記憶はあまりに鮮明です。そのため、どこにあっても神の御前から身をくらますことはできません。所有する者のない未開の地、また、決して到来することのない日すらも、神の御前に隠されてはいません。神こそは、まさに、ありとあらゆる空間と時間の主であられます。「すでに存在するものは名前で呼ばれる。

人間とは何者なのかも知られている。人は自分より強い者を訴えることはできない」（一〇節）。

しかし、いまや、コヘレトがその御手に陥ったその神は、単に一切の有形無形のものを支配するだけでなく、また、世界のはじめを無から創造なさっただけでなく、のちの代においては、この世界をきよめ、この世界をお救いになったのです。この世界が深く無以下にまで沈んでしまった時、神は天秤皿に不足分のものをお載せになりました。すなわち、もう一方の天秤皿に御子を担保としてお置きになりました。われわれは、これほどのことを為しうる力をもち、また、それほどに憐れみに富む神を、信じているのです。なるほど、コヘレトは相まみえるかたちではまだイエス・キリストを知りません。けれども、彼が神に出会った時、その神は、すでに永遠から御傍にイエス・キリストが共にいますような神でありました。それゆえに、ここで、コヘレトは、自分が負い目あるにもかかわらず、自分は神に捨てられず、かえって、神に救われていることに気づいたのでした。神は神であられるがゆえに、彼の人生における咎をおゆるしになられたのでした。

しかし、このコヘレトのように、神に出会い、そして、その御前に一言もなくおそれ畏む者は、それから以後は、ただ一つのことを、確《しか》とわきまえるようになります。――神なくしては、もはやそれから先、生きられないのだということを、です。その一つのことを、このコヘレトは力を込めて、例になく真剣になって強調します。これまでの冷静かな彼に似つかわしくないほど熱情的に、そのことを力説し、読む者の頭にそれを叩きこもうとするのです。その一つのことというのは、神から離れた人生はもはや人生ではないのだ、ということです。神を抜きにしては、人間はどのような裕福さのなかにあっても、また、どのように成功を収めたにしても、その人生をよろこび楽しむことがありません。われわれは、よく、あの失われた息子が豚やその飼料のかたわらにたたずむ姿を思い浮かべます。けれども、コヘレトは、富と誉れのただなかにありながらも人間が失われることがあるのに注目しています。あの譬えのなかの息子のような事情のもとで失われるということは、好ましからざることです。けれども、「神が富と宝と栄誉を与えて、望むものは何一つ欠けることのない人がいた。だが、神はそれを享受する力をその人に与えない。」そして、そのことはよりいっそう好ましからざることなのです。「これも空であり、悪しき病である」（二節）。タンタルスのように溢れるほどの豊かさのなかにあって人生を楽しむことができないということ、それは実に「悪しき病」です。コヘレトがここで告げることは、意味合いからすると、ちょうど、ありあまるほどの収穫物を持ちながら滅んでいく、あの富める農夫の譬に示されているような事柄です。そして、かの時、主は次のように付け加えられたのです。「自分のために富を積んでも、神のために豊かにならない者はこのとおりだ」（ルカ一二・二一）。そしてまた、「有り余るほどのものを持っていても、人の命は財産にはよらないからである」〔ルカ一二・一五〕と。そうです、すでにマリアがその賛歌のなかで、来るべき救い主に目を注ぎつつ、同様のことを告げ知らせているのです。「権力ある者をその座から引き降ろし、…富める者を何も持たせずに追い払います」〔ルカ一・五二―五三〕と。

この場合、その人が必ずしも孤独な守銭奴であるというわけではありません。かりにその人がゆたかな資産家であり、それに加えて、近東の人びとの夢も及ばないほどの大族長であるとしても、つまり百人もの家族に囲まれ、また、百人もの息子たちを世に送り出すほどのすさまじい活力に溢れた人物であるとしても、(もしも全能の神がそうした大族長としての幸福を享受する能力を彼に与えず、そのために)「その心が幸福に満足せず」にいるならば、そういう人についてコヘレトは次のごとく告げるのです。「死産の子のほうが幸いだ、と私は言おう。確かに、その子は空しく生まれ、闇を歩み、その名は闇に覆われる。太陽を見ることも知ることもないが、この子のほうが彼よりも安らかである」〔三―五節〕と。慈しみに満ちた神の好意と祝福とを欠いて百倍も人生を生きたとて、何になりましょう！　百人もの大家族を擁する活気に満ちた若者たちであるとしても、――もしも神の御心にかなわないならば、何になりましょう！　時満ちることなくして生まれ、名もないままに日の目を見ることなく闇の中へと去り行くみどり児は、痛ましい。けれども、それにしても神から慈父のような然《しか》り、アァメンの祝福を与えられずに過ごす百人もの子持ちの男よりはまだましなのです。この敬虔なイスラエル人は、そうしたことをあえて語らずにいられません。ここでわれわれの時代に向けて力強く告げられる、彼の悔い改めへの呼びかけは、果たして聞かれているでしょうか。それとも、神のお許しを得ずにただ土地と家々とを満たそうとする騒々しいざわめきが、いつしかわれわれを、見る目がなく、聞き分けのない者らの世代としてしまってはいはしないでしょうか。

そうです、コヘレトはさらに言葉を続けます。かりに誰かが、地上にあって、その終生の事業を千年あるいは二千年かけて行なうとしても、また、かりに誰かが、千年になんなんとする、あのアダムからノアにいたるまでの族長たちのように生き、そればかりか、アダムに倍する齢《よわい》を重ねたとしても、(ほかならない神がそれを享受する能力を彼にお与えにならないために)「たとえ千年を二度生きても、人は幸せを見ない」のならば、結局、「すべての者は一つの場所に行くの」(六節)です。人間意思がそのように法外にふくれあがるということが、単に理屈の上での仮定にとどまらないことを、われわれは経験しています。われわれは千年に及ぶ生活設計を立てている同時代人を知っています。それどころか、大方の人びとが確認しているように、千年王国を企てるこのあわれな輩《やから》は、ただにこの同時代人のなかに認められるだけではなく、その高慢な精神とともに「われわれのうちに」潜んでいるのです。彼は神を抜きにして千年の計を立てました。しかし、同様に、神を抜きにして、その計算を逆にさかのぼらせたとしても、それはあまり違ってはいないでしょう。「八〇〇年のモスクワ」、「千年のシュヴァルツブルク」、「二千年のパリ」などという戯言《ざれこと》はいったいどうしたものでしょうか。そうです、われわれの生涯がわずかに「七〇年にすぎず、あるいはすこやかであっても八〇年」であるというときに、われわれがその生涯において成功を収め、名誉を得、財産や家族にめぐまれたとしても、「神がそれを享受する力をその人に与えない」場合には、そうした人生はいったい何だというのでしょうか。畑に隠されてある宝が掘り起こされず、また、真珠が実際に売買されないならば、それらはいったい何の価値があるのでしょうか。「人生の歩み方を知る」としても、すなわち「お上品に」生きるとしても、もしも神がこれに満足することを教えてくださらないために、「魂は満たされない」場合には、その人生はいったい何の役に立つのでしょうか。

それゆえに、コヘレトが、第六章の最初で、次のようにはっきり言い切ったとしても不思議ではありません。「太陽の下、私はある災いを見た」(一節)。われわれは裕福な人をみれば、その人は幸福を得たと思うのが常ですが、コヘレトはそれとは違った場合のあることを見ているのです。すなわち、神から離れ、神を抜きにした幸福は人間にとって本来的な不幸だということを見ているのです。おそらく、彼はこの時、死に臨んで次のような遺言を言い残した、あの億万長者のことを念頭に浮かべているのでしょう。「友らよ、あなた方がわたしを葬る時には、／わたしの柩《ひつぎ》に刻んでくれたまえ、／彼はその生涯において幸運を得た、／しかし、彼は幸福には生きなかった、と。」

ここでわれわれは、コヘレト自身が非常に富める者であったことを忘れてはなりません。こうした事情を背景にして考えれば、われわれは彼が神なき豊かさの空しいことを述べた言葉を、真剣に聞かざるを得ないのです。ある人はこうした彼の言い分について言うかもしれません。もしも、この人物にとって富むことがそのようにも空しいのならば、その富める不幸をすっかりかなぐり捨てたらよいではないか。もしも富がありあまるのならば、即座に富を手放すがよい。なぜ、彼はその全財産を生涯のあいだ他人に施さずにいるのかと。けれども、彼は決して富そのものを悪だとしているのではありません。そうではなくて、神を抜きにした富が人間にとって本来的な不幸だというのです。その場合、彼は神を離れた貧しさのあることをも見ています。貧しさそのものを幸福だとみるほどに、彼は愚かではありません。「人生の歩み方を知る苦しむ人に何の益があるか」（八節）と彼は言います。神を欠いた貧しさもまた大いに不幸なのです。幻想にとらわれることなくすべての地上的責任の空しさを見定めたこの人物は、そのことのゆえに赤いベレー帽を脱ぎ捨てて灰色の帽子にとりかえるようなことは決してしません。聖書的伝統の中に生い育った人物として、彼は決して一般的貧困が理想的状態であるという風には見ません。コヘレトは、――そして、それが彼の独特なところであり、また、そうすることによって彼は聖書全体に忠実なのですが、――神の御前にあって食い、飲みし、そして、神によってその労働を楽しむのです。彼は、このゆたかな神の創造世界の宝を十分に用い、楽しもうとするのです。「目に見えるほうが、欲望が行き過ぎるよりもよい」（九節）。彼にとっては、つねに、獲得することが、願望することにまさるのです。神はいたずらに世界を創造なさったのではありません。そして、この父なる神は、御自身が整えられた測り知れない豊かな食卓に、その子らを招き、席につかせられます。主イエスも同じようにみておられました。主はその弟子たちに、すべてを捨てて従えとお命じになった時、主はその弟子たちに乞食となることを要求なさったのではなく、御自身のぶどう畑の働き人となることをこそお命じになったのであり、そして、こうして働き人がそれにふさわしい食べ物を得ることをよしとされたのでした。やがて主が世界の終わりに際して、御自身の畑の働き人たちに、「何か不足したことがあったか」とお問いになる時、彼らは答えるでありましょう。「いいえ、何一つ不足はありませんでした」と。そして、主が、「まず神の国を求めよ」と仰せになった時、主はそれに続けて弟子たちが貧困になることを予言なさったのではなく、かえって、それに付け加えて、「そうすれば、あなた方に必要なものはそえて与えられるであろう」とお告げになったのでした。そうです、主が弟子たちに次のごとく厳かに仰せになっておられることは、正真正銘、聖書的なことなのです。「よく言っておく。私のため、また福音のために、家、兄弟、姉妹、母、父、子ども、畑を捨てた者は誰でも、今この世で、迫害を受けるが、家、兄弟、姉妹、母、子、畑を百倍受け、来るべき世では永遠の命を受ける」（マルコ一〇章）。それゆえ、ここでは百人の子どもというのは単なる誇張した仮定ではなく、主御自身によるかたい約束なのです。世界のただなかに食卓を整え、食い、飲み、味わうために備えられるのは、神そのかたなのです。このように富める豊かな神を、コヘレトは信じています。「目に見えるほうが、欲望が行き過ぎるよりもよい。」手の中の一羽のスズメは屋根の上にいる二羽のハトにまさるのです。ここでは、まるで老いたゲーテが語るのを聞いているかのようです。「あなたはいつも遠くをさすらおうとするのか。／見よ、良きものは身近にあるではないか。／ただ、幸福を捉えることだけを学ぶがよい。／なぜなら、幸福はつねに備えられているのだから。」「太陽の下、私はある災いを見た。」すなわち、豊かさのなかにありながら、神から離れて生きる人びとです。

けれども、神はその子らが幸福に過ごすことを望んでおられます。「神が人間にそれを享受することを許される」ところ、そこにまことの幸福があります。ただこの幸福を得るように努めなさい。なぜなら、この幸福はつねに備えられているのですから。それについては、次に始められる本書の後半において、なお学ぶことになります。

第7章

名声は良質の香油にまさる

名声は良質の香油にまさる。死ぬ日は生まれる日にまさる。弔いの家に行くのは酒宴の家に行くにまさる。そこには、すべての人間の終わりがある。生きる者はそれを心に留めよ。悩みは笑いにまさる。顔が曇っても、心は晴れるのだから。知恵ある者の心は弔いの家に、愚かな者の心は喜びの家にある。知恵ある者の叱責を聞くのは、愚かな者の歌を聞くにまさる。愚かな者の笑いは鍋の下で茨がはじける音のようなもの。これも空である。

虐げられれば知恵ある者でさえ愚かになり、賄賂をもらえば理性を失う。事の終わりは始まりにまさる。気の長さは気位の高さにまさる。気がせいていらだってはならない。いらだちは愚かな者の胸に宿るものだから。「昔が今より良かったのはなぜか」と言ってはならない。知恵にふさわしい問いではないのだから。財産を伴う知恵は幸せである。太陽を目にする者に益となる。知恵の陰は銀の陰。益となるのは、知恵がその持ち主を生かすと知ること。神の業を見よ。神が曲げたものを誰がまっすぐにできよう。幸せな日には幸せであれ。不幸な日にはこう考えよ。人が後に起こることを見極められないように、神は両者を造られたのだ、と。

空である日々に私はすべてを見た。義のゆえに滅びる正しき者がおり、悪のゆえに生き長らえる悪しき者がいる。あなたは義に過ぎてはならない。賢くありすぎてはならない。どうして自ら滅びてよかろう。あなたは悪に過ぎてはならない。愚かであってはならない。あなたの時ではないのに、どうして死んでよかろう。一方をつかむとともに、他方からも手を離してはならない。神を畏れる者はいずれをも避ける。知恵は知恵ある者を力づけ、町にいる十人の権力者よりも強くする。地上には、罪を犯さずに善のみを行なう正しき者はいない。人が語る言葉にいちいち心を留めるな。そうすれば、あなたの僕の呪いの言葉に耳を貸すこともない。あなた自身が何度も他人を呪ったことを、心は知っているはずだ。

これらすべてを知恵によって吟味し、私は「知恵ある者になろう」と口にした。だが、遠く及ばなかった。存在するものは遠く、深く、さらに深い。誰がそれを見いだせるのか。心を転じて、私は知恵と道理を知り、見いだし、突き止めようとした。そして、悪は愚行、愚かさは無知であると知った。私は見いだした、女は死よりも苦いと。女は罠、その心は網、その手は枷。御心に適う人は彼女から逃げ出すことができるが、罪人はこれに捕らえられる。「見よ、これこそ私が見いだした」とコヘレトは言う。一つ一つ積み重ねて見いだした結論。私の魂はなおも探し求めたが、見いださなかった。千人の中に一人の男を見いだしたが、これらすべての中に一人の女も見いださなかった。ただし、見よ、これを私は見いだした。神は人間をまっすぐに造ったのに、人間はさまざまな策略を練ろうとするのだ。

名声は良質の香油にまさる。ここには「良い」とか「まさる」とかいう言葉がしきりに現れます。そのことは、これまで聞かされてきた事柄全体に照らしてみる時、つい聞き耳を立てざるをえないことです。まことに、この世界には悪く、劣ったものだけがあるのではありません。その堕落した状態にもかかわらず、世界に関して、「神は、造ったすべてのものを御覧になった。それは極めて良かった」（創世記一・三一）と告げられていたことを、否むわけにはいきません。この地上には、良いもの、やや良いものがあり、また、ましなものがあるのです。すなわち、価値あるものと無価値なもの、価値の低いものと価値の高いものとがあります。ということは、人間は、この世界で人生を生きる意義をもっているということです。そういう見解をコヘレトのような人物から聞かされるということは、自明というよりは驚きです。彼がどのように人生の見通しを立てているかは、本章全体の、いわば、転回点ともいうべき、第七章を読み進むにつれて次第に明らかになるでしょう。しかし、その前に、コヘレトはまず、これまで語ってきたことの全体を中間貸借対照表のかたちで整頓し、そうすることによって、もう一度この世界の有様を確認し、そして次に、「それにもかかわらず」信仰によって、最後的に、確実な基礎に立って人生肯定の赤いベレー帽をかぶるのです。

人生には、避けて通ることのできない二つのきびしい事実があります。それは二つの「弱点」であり、したがって、それに触れられる時、われわれは特に顔をしかめます。

すなわち、死と罪とよばれるものがそれです。物を考える人びとは、どこの国の人であっても、この二つの問題にはほとほと当惑してきましたし、また、どんな時代の、物を考えない人びとでも、欲しようが欲しまいが、この躓きの石にはつまずかざるを得ませんでした。死と罪というのは、いわば、人間のからだに突き刺さった二本のとげのようなものです。死と罪というのは、いわば、人間のからだに突き刺さった二本のとげのようなものです。われわれ人間は死なねばならないのであり、また、われわれは誰もが罪のうちに陥るのです。コヘレトの目は、この二つの事実を決して見逃しませんでした。彼は、人間が「死と罪のはざま」とよばれる状態におかれていることを、知っています。第七章は、まず、はじめにそのことをとりあげて論じます。その点において、この第七章は、もう一つ別の、有名な、ローマの信徒に宛てたパウロの手紙の第七章になぞらえられます。その第七章もまた同じように、ローマの信徒に宛てた手紙全体の中での転回点に当たっており、そして、次の悲痛な叫びでもって頂点に達しているのです。「私はなんと惨めな人間なのでしょう。死に定められたこの体から、誰が私を救ってくれるのでしょうか」〔ローマ七・二四〕。ところで、われわれは、まず、はじめに、このコヘレトの言葉の第七章の、その最初と最後の部分を、すこし注意しながら読んでいきたいと思います。

死の威力についての知識、いま、たしかにコヘレトは死の威力ということによって深く心を動かされています。「われわれは死なねばならぬことを思って、賢くなろう。」もしも誰かがこういう願いを持つとすれば、コヘレトこそそうした願いと警告を心に深く刻んでいます。コヘレトの人生の知恵は、死を思っての知恵です。すなわち、笑うことも涙することも、両方とも彼にはゆるされています。だが彼にとっては、涙することのほうが先立ちます。「死ぬ日は生まれる日にまさる。弔いの家に行くのは酒宴の家に行くにまさる。そこには、すべての人間の終わりがある。生きる者はそれを心に留めよ。悩みは笑いにまさる。顔が曇っても、心は晴れるのだから。知恵ある者の心は弔いの家に、愚かな者の心は喜びの家にある。知恵ある者の叱責を聞くのは、愚かな者の歌を聞くにまさる。愚かな者の笑いは鍋の下で茨がはじける音のようなもの」（一―六節）。わたしは、昨年の夏、フライベルクで「八月の火」に立ち会いました。それは、山の若者たちによって、いばらの木だけを積み重ねてつくられたものでした。燃えるいばらのはぜる音は、おそろしくかん高く響きました。けれども、コヘレトの知恵が死を思っての知恵であるとしても、それを憂鬱《ゆううつ》と混同してはなりません。キリストの次の言葉が憂鬱のそれでないのと同じです。「今、泣いている人々は、幸いである。あなたがたは笑うようになる。」そして、逆に、「今、笑っている人々、あなたがたに災いあれ、あなたがたは悲しみ泣くようになる」（ルカ六章）。このコヘレトが涙することのほうにまず心を寄せるのは、彼が「泣き虫」だからではありません。そうではなくて、彼にとっては涙することの方が、より適切で、より実情に適っているように思われ、それゆえに、より正直であるばかりか、より正しいことのように思えるためです。死の霧氷《むひょう》に覆われたこの世界においては、まさしく、深い悲しみがあります。コヘレトはその悲しみをどれほどか知っているのです。

第七章の冒頭の部分で死の事実を指摘したコヘレトは、次に同章の末尾の部分においては罪について言及します。その最後の言葉はいかにも彼らしい言葉です。「見よ、これを私は見いだした。神は人間をまっすぐに造ったのに、人間はさまざまな策略を練ろうとするのだ」(二九節)。マッティアス・クラウディウスは、あきらかに、本章の教えに刺激されて、あの有名な夕べの歌を作詞したのです。「われら驕《おご》れる人の子らは／空しく憐れな罪びとにして／多くを知らざる者なり。われらは空しき謀《はかりごと》を編み／多くの術策を弄し／いよよ、目的より逸れるなり。」そうです、ここでコヘレトの胸中にきざしたわれわれの普遍的罪性の認識は、まさに、新約聖書的福音的なそれであるかのように思えます。ここで次のように述べられる時、それはほとんどパウロ自身の言葉かと錯覚をおこすほどです。「罪を犯さずに善のみを行う正しき者はいない」(二〇節)。たしかに、さまざまなかたちで人間がこの普遍的罪性のもとにあることを述べる、コヘレトの物の見方についていくのには、多少の勇気を必要とします。彼は女性について次のように述べます。「私は見いだした、女は死よりも苦いと。女は罠、その心は網、その手は枷。御心に適う人は彼女から逃げ出すことができるが、罪人はこれに捕らえられる」（二六節）。よく考えてみると、コヘレトはこれを娼婦について述べているのではなく、まったく一般的な女性についてそう語るのです。この場合、異邦人やユダヤ人の物の考え方から出る、ある種の表現を連想する人がいます。すなわち、異邦人は次のように語ります。特に悪い悪が三つある、火と水と女性であると。ユダヤ人は大悪を一四数えあげます。一三番目の悪は死であり、死よりも悪い一四番目の悪は女性であると。ある人は、コヘレトのこの辛らつな言葉をせまく理解して、これは特に、その本来の宿命《さだめ》を逸脱し、居間の外に出て、政治にまで介入するような女性について述べられているのだと、言います。けれども、それに対しては、当然のこと、ただちに次のような問いが出されます。それでは、いったい、政治は男性にとっては無難だというのだろうかと。コヘレトが、千人のうちにひとりの女性をも得なかったと述べるのは、もちろん、お世辞を言っているわけではありません。けれども、コヘレトが男性について次のように述べるのは、はたして男性へのお世辞なのでしょうか。「私の魂は…千人の中に一人の男を見いだした」（二八節）と。――もしかして、まさしく自分こそ、その著名なる例外者だと名乗り出る人があるとしての場合です。このような比較には、一片の真理が含まれているかもしれません。ルターがここで次のように異議を申し立てるのは、たしかに正しいことです。「聖霊の働きと恵みに関する限り、神のなさる御業と奇跡には何の制約もないはずだ」と。ウィンストン・チャーチルが、まことに将来の見通しが暗く、なんの希望も持てず、悲観的な時期に、次のごとくラジオを通して告げた時、彼はおそらく、女性にも与えられるこの恵みのことを考えていたのです。すなわち、全ヨーロッパ大陸にはただ一人の人物しか残らなくなるかもしれない。そして、それは一人の女性であるかもしれない、と。（そのとき、彼は、占領期にあって勇敢なオランダの女王のことを考えていたのです。）恵みをうけた女性が、いつか、政治の領域において「男性に代わる」こともあるのです。聖書全体を通して展望する時、たしかに、罪は女性によってこの世にもたらされました。けれども、贖い主もまた、女性によってこの世にもたらされているのです。たしかに、男性と女性では創造の次第が異なっています。けれども、それは、この世の賢者たちの痛烈で不正な知恵がたえず告げるような、価値における差異では決してありません。一つのこと、すなわち恵みと罪に関しては、まさに、「そこには何の差別もないのです。」「人は皆、罪を犯したため、神の栄光を受けられなくなっていますが、キリスト・イエスによる贖いの業を通して、神の恵みにより価なしに義とされるのです」（ローマ三・二三－二四）。そして、特に恵みに関しては次のように述べられます。「男と女もありません。あなたがたは皆、キリスト・イエスにあって一つだからです」（ガラテヤ三・二八）。したがって、コヘレトがここで女性について述べている制約は、重要な発言ではなく、それはもっとほかの、両性に共通して妥当する発言を背景にして判断される必要があるのです。神は人間をまっすぐに造られた、というとき、コヘレトはこれに女性をも含めています。そして、「人間はさまざまな策略を練ろうとする」と述べる時、これには男性も当然加えられているのです。そして、「罪を犯さずに善のみを行う正しき者はいない」というとき、これは男性と女性の双方について当てはまります。したがって、いずれにしても、この世における人間の状態を全体としてみるならば、――コヘレトはそれをこの第七章の冒頭と末尾において、もう一度、要約して書き記すのですが、――人間は死と罪のはざまにある、のです。

そうすると、当然、ここに問いが生じます。すなわち、このように死と罪のはざまにある人生は、たとえようもなく憂いに満ち、慰めのないものなのではないでしょうか。このような状態にある人生はなおも生きるに値するのでしょうか。そうです、そもそも、そうした人生を生きることは可能なのでしょうか。だが、まことに驚きであり、また、目を見はらされることに、コヘレトは人生とその営みを可能なものとみるのです。彼にとって人生は、人びとの予想や不安に反して、石臼の二つの石（罪と死）にすり潰される望みなき穀類のようなものではないのです。たしかに、その可能性には制約がともないます。けれども、この制約のなかにあえて身を置く者は、ここで事実として生きるのです。コヘレトが、この罪と死にはさまれた非常に危険な中間地帯にあっても、なおも人生の意義を力強く肯定していることに、人びとはほっとして胸をなでおろし安心するかもしれません。だが、彼のそうした態度は単なる驚き以上のものです。たとえそれが罪と死の知恵であろうとも、彼は人生の知恵を積極的に評価します。「知恵は幸せである」（一一節）。――これよりいっそう明瞭に言い切ることができましょうか。彼はその知恵を、これもまた軽視されてはならない、金銭になぞらえています。知恵と金銭は、両方ともに、（彼はこれをいかにも近東地方の人びとが感じそうな表現で言い表すのですが）身をかばう影を提供するのです。「財産を伴う知恵は幸せである。太陽を目にするものに益となる。知恵の影は銀の影。益となるのは知恵がその持ち主を生かすと知ること」（一一－一二節）。ほかの個所でコヘレトはさらに、知恵は町の十人の顔役以上の値打ちがあると言います。「知恵は知恵あるものを力づけ、町にいる十人の権力者よりも強くする」（一九節）。神は世界をすぐれたものとしておつくりになりました。たとえ世界が死と罪にいろどられ、窒息するかに思えようとも、それでもなお世界は多くの美しいものを提供するのです。神は世界を忍耐と恵みをもって支えておられます。それゆえ、人生は、すべてのネコの毛並みが灰色で、すべての人が灰色の帽子をかぶるといったような、夜の状態にあるのではありません。いいえ、いいえ、神様は人の子らに喜びを与え、赤いベレー帽をかぶらせてくださるのです。路傍には可憐な草花が咲き、繁みには鳥がさえずります。そして、太陽は日光を送ることを止めません。「神の業を見よ。神が曲げたものを誰がまっすぐにできよう。幸せな日には幸せであれ。不幸な日にはこう考えよ。人が後に起こることを見極められないように、神は両者を造られたのだ、と」（一三－一四節）。

ところで、幾分好奇心に駆られつつ問わずにいられないのですが、たとえ制約があるにしても、神がその慈しみのゆえに人の子らになおも与えておられる人生の可能性というのは、いったい、どんな風のものなのでしょうか。それについてコヘレトは、地上で人生をすごすには次の二つの条件が大切であることを教えます。忍耐と謙遜、謙遜と忍耐です。人生には忍耐が入用です。そのことについてコヘレトは七節から一五節のところで論じます。「事の終わりは始まりにまさる。気の長さは気位の高さにまさる」（八節）。性急なこと、待つことができないということ、それは自分を損なうことになります。「虐げられれば（文字通りには、恐喝者によれば）知恵ある者でさえ愚かになり、賄賂をもらえば理性を失う」（七節）。せっかちで、強引にことを運ぶ者は、善良な人を傷つけるだけでなく、人の心にとりかえしのつかない痛手を負わせます。事実、人が最も不正を犯しがちなのはどんな時でしょうか。性急という悪魔に乗ぜられる場合がそれです。他の人びとの話をゆっくり聞いてやる余裕をもたない場合、また、相手に十分にしゃべらせず、説明し尽くさずにいる場合がそれです。子どもの心がふみにじられるのはどんな時でしょうか。その父や母が子どもために時間をさいてやるだけの余裕をもてずにいる場合がそれです。性急ということは困ったものであり、人々はせいていているために、せっかくベルンのアーケードを通りながら、ついぞこれを楽しむことができず、そして、ついにはそうしたことがこの町の生活にまでなってしまっています。性急な心が乱暴な心に通じることは、それが原因になって怒りを引き起こすことにも現われています。乗り物にのって街路を行く時、そこかしこで非難の言葉や罵声が聞こえてきます。それは、まるで、路上にあっては、人は皆、かたき同士ではないかとの印象を、しばしば禁じえないほどです。また、仕事のうえで、時おり、人びとが腹を立てたりののしり始めたりするのは、どんな時でしょうか。それは、やはり、急いでいる場合です。ですから、「気がせいていらだってはならない。いらだちは愚かな者の胸に宿るものだから」（九節）と述べられます。人生を生きるためには、われわれは待つことができなければなりません。この世を住みよくするには、まず何よりも、この忍耐が大切です。農夫はみな、畑では良い作物よりも雑草のほうがはやく成長することを知っています。「大器晩成」ですから、待つことのできない人は良いものには絶望し、いつも忌まわしいものだけを目にするということになります。そして、もはや現代には何らの良いものがないことを口癖にして、ついには、以前は何もかも良かったと愚痴をこぼすようになります。あたかも、この堕落した世界にあっても、以前は、死と罪のはざまにある世界とは別の世界があったかのように、です。そこで次のように述べられます。「『昔が今より良かったのはなぜか』と言ってはならない。知恵にふさわしい問いではないのだから」（一〇節）。それはわかりきったことです。ところが、今日、そのわかりきったことが横行しています。それは、人生に忍耐が必要だということが忘れられているためです。

けれども、性急であることは隣人を損なうだけではありません。それは根底においては神に逆らうことでもあります。すなわち、神の摂理とそのなさりように逆らうことでもあります。切符売り場で順序を待たずに列を乱すのは、言うまでもなく、無作法な行為です。――ましてや、神に対して列からはみ出し、神が配慮してくださることを受け入れようとせず、自分に定められた時に合わせようとしないのは、無作法このうえもありません。自分としては、これは失敗だと、百遍思えても、また、自分でやるほうが神よりもはるかにうまくやり遂げることができるのにと思えても、それでもなお、忍耐をもって神のなさりように従うのがよいのです。神の道はわれわれの目には曲がっているかに見えることがありましょう。けれども、たとえその道がまっすぐではなくとも、それは目的地への最短距離なのです。登山の折に、「手を抜く」ことをしようものなら、その人はのちになってそのことがとんでもない失敗だったことを思い知らされるでしょう。「神の業を見よ。神が曲げたものを誰がまっすぐにできよう」（一三節）。神が与えてくださった道を、乱さず、順を追って歩むべきです。どこにわれわれの日々がいつも悲運ばかりだと書いてあるでしょうか。コヘレトは順境の日のあることをも知っています。「幸せな日には幸いであれ。不幸な日にはこう考えよ。人が後に起こることを見極められないように、神は両者を造られたのだ、と」（一四節）。そうです、神は「将来にどういうことがあるかを、知らせない」のです！　たとえ人生がどんなに謎めいており、たとえここに次のように述べられているにしても、です。「空である日々に私はすべてを見た。義のゆえに滅びる正しき者がおり、悪のゆえに生き長らえる悪しき者がいる」（一五節）。――はやまって、神がなんだと言ってはなりません。神は時を測っておられます。最後の断を下すのは神です。神がおごそかに閉じてくださるまえに、自分で幕をおろしてはなりません。神に対していつも不満で性急な者の心は、悪魔から出たものです。コヘレトが最初のところで、「事の終わりは始まりにまさる」と断じた時、彼は決して、「長く続ければ、ついには良くなる」とか、「終わりよければ、すべて良し」とかいうことを考えているのではありません。そのとき、彼はたしかに、キリストが教会に期待なさったようなことを、すなわちこの時代とこの世界の患難、不安、迫害のただなかにあって「耐え忍ぶ」こと、つまり忍耐をもって十字架を担うことを考えているのです。死と罪のはざまにあって「最後まで耐え忍ぶ者は、救われる」のです。

以上のように、コヘレトは忍耐によって意義ある人生がかたちづくられることの可能性をみています。その忍耐に合わせて、彼はさらに謙遜を付け加えます。すなわち、われわれ人間の不完全なことを勇気をもってはっきり認める謙遜のことです。ここには、つい苦笑せざるをえないような警告が記されます。

すなわち、しもべたちが陰で口にしている言葉の一言半句に神経をとがらせて、これをあまりに気にとめるということをしないがよい。なぜならば、やかましく言えば、(「胸に手を当てて考えてみるならば！」)自分もまた同じように陰口をたたいているからであると。「人が語る言葉にいちいち心を留めるな。そうすれば、あなたの僕の呪いの言葉に耳を貸すこともない。あなた自身が何度も他人を呪ったことを、心は知っているはずだ」(二一―二二節)。こうした素直なへりくだった態度は、次の言葉にいっそう明瞭にあらわれています。「あなたは義に過ぎてはならない。賢くありすぎてはならない。どうして自ら滅びてよかろう。あなたは悪に過ぎてはならない。愚かであってはならない。あなたの時ではないのに、どうして死んでよかろう」(一六—一七節)。あまりに愚かであってはならず、また、あまりに悪であってはならない。なぜなら、そうした態度はいつも危険をはらんでいるからだ、——ということは理解できます。けれども、人があまりに義であり、あまりに賢明であるということは、はたしてありうるのでしょうか。もちろん、です。人は宗教的に傲慢になることがあります。そして、驕《おご》る者は久しからず、です。こうした極度の完全主義は単に宗教的倫理的なかたちにみられるだけではありません。日常の生活領域においてもあることです。荷を高く積みすぎれば、車は倒れます。あまりに細く糸を紡ごうとすれば、糸は切れます。極度に細くとがらせれば、鉛筆の芯は折れてしまいます。子どもが一個のリンゴで満足すればよいものを、三個も持とうとすれば全部を落としてしまいます。あまりに賢く、あまりに義に過ぎる人間は、われわれが考える以上に、意外に多くいるものです。たとえば、事を行うのに、完璧でなければならないという一つの掟を自分に課して、しかし、失敗を犯すかもしれないという不安から結局は何もやらないということがあります。死と罪の世界において人間が何らかの領域で、たとえば政治、経済あるいは文化などの領域で、ともに作り、ともに為そうとする場合には、あえて不完全さを迎え入れる勇気をもたねばなりません。そこにおいて義にすぎ、賢きに過ぎる者は、結局は人生の路傍において永遠の傍観者としてたたずむほかはありません。そして、内心では、自分の方が事柄によく精通しており、よりよく実行しうるのだと、他の人びとをさげすみ続ける者となるでしょう。ですから、われわれは本当に謙遜になって、ノコギリを働かせる時にはどうしてもオガ屑が空に舞うものだということを、認めるべきなのです。今日、先に述べた性急さとともに、こうした完全主義者たらんとする傲慢がもう一つの深刻な問題となっているように、わたしには思えます。われわれは、ごく一般的に言って、事柄を不当に要求しすぎる世代になってしまっています。不当に期待し、不当に意欲する世代になってしまっています。単に人間だけが不当な要求を課せられて、次第に、衰弱し、消耗しつつあるのではありません。われわれは大地に対してもそういう不当な要求をもって臨みます。その結果、大地はこのように飽くことのない略奪に対して自己防衛を開始しつつあります。「無限の可能性」を唱える世代は、度を過ごします。だが、度を過ごすのは賢いことではありません。死と罪の世界のなかにも人生の可能性はありますが、この可能性はまさに制限つきのものです。それがコヘレトの知恵です。

最後に、コヘレトはわれわれにとってたいへん意外なことを付け加えます。なるほど、彼が見出した人生の知恵は優れたものであり、まさしく最もすぐれたもののように思えます。けれども、彼はいま、そうした人生の知恵を過度に評価しようなぞとは夢にも思わないのです。彼はその知恵もまた、部分的なものでしかないことを認めるのです。「これらすべてを知恵によって吟味し、わたしは『知恵ある者になろう』と口にした。だが、遠く及ばなかった。存在するものは遠く、深く、さらに深い。誰がそれを見いだせるのか」(二三―二四節)と。遠く、遠く及びませんでした。物事の理ははなはだ深いのです！　いいえ、いいえ、コヘレトは小才が利くような人物ではなく、中庸こそ物事の最善の道だと満足げに語る人物ではありません。決してそのような人物なぞではありません！　彼はその到達した結果に自ら満足することがありません。そのような度量のせまい実際家ではありません。彼が見いだした人生の知恵、それは誰もが容易に行使できる手軽な処方箋のようなものではありません。彼は人生の知恵を用いて生きようと努めました。「だが、遠く及ばなかった。」「物事の理は深く、さらに深い。」そう語ることによって、コヘレトは、あのヘブライ人への手紙に挙げられた聖なる人びとの系列につらなる人物となります。「この人たちは皆、信仰を抱いて死にました。約束のものは手にしませんでしたが、はるかにそれを見て喜びの声を上げ、自分たちが地上ではよそ者であり、滞在者であることを告白したのです」(ヘブライ一一・一三)。人生はまことに有意義に過ごすことができます。けれども、その人生の深い意味は、それが神の約束につながっているというところにあります。そして、そのすべての約束はイエス・キリストにおいて成就し、イエス・キリストに集中するのです。そうです、まさしくコヘレトは雄々しく、また、自信をもって、旅人、客人、寄留者であることができました。彼の目はあらゆる制約の果て、あらゆる死と罪の果て、――すなわち、あがないの日を、遠くから望み見て、これを視野から離すことがなかったのでした。

第8章　誰が知恵ある者でありえよう

誰が知恵ある者でありえよう。誰が言葉の解釈を知りえよう。知恵はその人の顔を輝かせ、その顔の険しさを和らげる。私は言う。神との誓いのゆえに、王の言葉を守れ。王の前から慌てて立ち去るな。悪事に関わるな。王はすべてを思いどおりにするのだから。王の言葉には権威がある。誰が王に「何ということをなさるのか」と言えよう。王の命令を守る者は悪事を知らない。知恵ある者の心は時と法をわきまえる。確かに、すべての出来事には時と法がある。災いは人間に重くのしかかる。やがて何が起こるかを知る者は一人もいない。確かに、何が起こるかを、誰が人に告げることができるだろう。息を支配し、息を止められる人はいない。また、死の日を支配できる人もいない。戦いからの免除はなく、不正はそれを行なう者を救えない。

これらすべてを私は見て、太陽の下で行われるすべての業に心を向けた。今は、人が人を支配し、災いを招く時代である。

そして、悪しき者たちが葬られるのを私は見た。彼らは聖なる場所に出入りしていたが、あのように振る舞っていたことは町で忘れ去られている。これもまた空である。

悪事に対して判決が速やかに下されないため、人の子らの心は悪をなそうという思いに満ちる。百度も悪を重ねながら、生き長らえる罪人がいる。しかし、私は知っている。神を畏れる人々には、神を畏れるからこそ幸せがあると。悪しき者には、神を畏れることがないゆえに幸せはない。その人生は影のようで、生き長らえることがない。地上に起こる空なることがある。悪しき者にふさわしい報いを正しき者が受け、正しき者にふさわしい報いを悪しき者が受ける。私は、これも空であると言おう。

そこで、私は喜びをたたえる。太陽の下では食べ、飲み、楽しむことよりほかに人に幸せはない。これは、太陽の下で神が与える人生の日々の労苦に伴うものである。

私は知恵を知るために心を尽くし、地上でなされる人の務めを見ようとした。昼も夜も、見極めようとして目には眠りがなかった。私は神のすべての業を見た。太陽の下で行われる業を人は見極めることはできない。人が探し求めようと労苦しても、見極めることはできない。たとえ知恵ある者が知っていると言っても、彼も見極めることはできない。

この章に入ってすぐのところに、これを聞かされて憧れないのが不思議なぐらいの、美しい表現が記されています。「知恵はその人の顔を輝かせ、その顔の険しさを和らげる」（一節）。暗い顔つき、険しい目つきというものを、残念ながらわれわれはあまりにもよく知っています。朝、昼、あるいは夕暮れに、仕事に出かける時や仕事から帰る時など、ふと行きずりの人びとの顔を見つめるならば、われわれはそこに緊張した顔、こわばった顔、そして、暗い顔を見ることがあるのです！　ところが、ここには、「知恵

はその人の顔を輝かせ、その顔の険しさを和らげる」という力強い言葉が記されていま
す。単に目だけが明るく澄んでいるというのではありません。いいえ、内に秘められた
知恵のゆえに、顔全体が光り輝くのです。このような人びとに、われわれはふだんあま
りお目にかかりません。それゆえにコヘレトが冒頭のところでそうした知恵ある者をほ
めたたえるのは、不思議ではありません。「誰が知恵ある者でありえよう」（一節）。け
れども、知恵が人の顔つきを和らげ、なごませ、明るくするというのなら、誰がそのよ
うな知恵ある者のようになりたいと思わぬ人がありましょう！　われわれは、この際、
配偶者の顔や隣人の顔を考えるのでなく、まず、自分自身の顔の事柄として、このこと
を考えてみたいのです。――だれが、この世で、明るい顔つきになることを切望しない
ものがありましょう！

　ところで、いったい、それほどの強い影響を及ぼす知恵というのは何なのでありまし
ょうか。ある若干の注解者たちは、ここで、古代ローマの詩人のオヴィディウスの言葉
をわざわざ引用するのですが、それはどうも正しい理解ではありません。「知識は行状
を研《みが》き、粗野なままにはしておかない」と。個々の場合あるいはある程度までのことな
らば、学問が人間を研き、粗野になることを防ぐということに、同意できます。けれど
も、知識が人間形成に果たす役割に関しては、われわれは、もはや、これをそんなに楽

観的に語るわけにはいきません。あまりに冷淡に、あまりに理詰めで事柄を処理するゆえに、そこには感情や行動の上でかえって野蛮なものが現われることもあるのです。けれども、そうした日頃の幻滅の経験にはまったくかまわずに、コヘレトはここで知恵についていて明瞭に語ります。彼が語るのは、けっして、われわれの人間的知恵についてではありません。彼がここで、人の顔を変えると告げるその知恵は、とうてい人間が自分から獲得できるものではありません。その知恵は、ランドセルの重さによるのではありません。むずかしい試験をパスしたことの回数によるのではありません。履修した学期や修得した肩書の数によるのではありません。人の顔を変えるという不思議さを含んだ知恵は、決して、われわれの訓練によって左右されるのではありません。それは信仰の知恵です。それは「これらのことを知恵ある者や賢い者に隠して、幼子たちにお示しになりました」〔マタイ一一・二五〕と記される、あの知恵です。そうです、それについてはコヘレトがこの章の最後に述べていることがよく当てはまります。「人が探し求めようと労苦しても、見極めることはできない」（一七節）。「昼も夜も、見極めようとして目には眠りがなかった」（一六節）。人間には神のなさりようをきわめ尽くすことができません。そしてまた、「たとえ知恵ある者が知っていると言っても、彼も見極めることはできない」（一七節）のです。信仰の知恵、コヘレトがここで語っている知恵は、ただ祈りによってのみ得られます。祈る者はいつの日にか、あの叫びに同意できるでしょう。「ああ、神の富と知恵と知識のなんと深いことか。神の裁きのいかに究め難く、その道のいかにたどり難いことか」（ローマ一一・三三）。コヘレトが語るように、人間の顔を輝かせるものは、あの出エジプト記でモーセについて伝えられているごときものです。すなわち、モーセがしばし会見の幕屋にあって神の御前に長時間に及ぶ祈りをささげ、そして幕屋から再び戸外に出た時、人びとは彼の顔に輝きをみとめたのでした。この時の出来事に似たようなものを、ここでコヘレトは考えているのです。「知恵はその人の顔を輝かせ、その顔の険しさを和らげる。」

ところで、多くの問題のなかで殊更に人の顔を暗くし、かたくし、目つきを険しくする一つの問題があります。それは、しばしばヨブのような人物を絶望の淵に追いつめ、詩編三七、四九、七三の各編の作者たちを悩ませ、ハバククのような預言者たちの心を休ませず、そして、このコヘレトにたえずつきまとって、いま、この第八章において回答を迫っている問題です。それは一言でいえば、神の世界支配という問題、世界の倫理的秩序、義なる神についての問題です。そして、そこで今コヘレトが見出した答えは興味あるものです。彼は、人生において、悪人に臨むはずと思えることが義人の上におこり、罪もないのに義人が苦しみを味わわされているのを見ます。そして、その逆に、当然、義人に臨むべきはずのことが、かえって、悪人の上にもたらされているのを見ます。「地上に起こる空なることがある。悪しき者にふさわしい報いを正しき者が受け、正しき者にふさわしい報いを悪しき者が受ける。私は、これも空であると言おう。」（一四節）。悪しき者たちは、その悪事についてこらしめをうけないばかりか、かえって、それに加えてあたかも奨励金のように利益を得ているのです。それが果たして正義でしょうか。神はどこにいますのでしょうか。それゆえ、コヘレトが見回したところ、正義はどこにも見当たらないばかりか、かえって、不正のみ見られるのです。そうした場合、単純な気持ちの人は次のように考えて自分を慰めます。すなわち、少なくともわれわれはやがて死においてはすべて等しくなるのだ、と。けれども、コヘレトのような人物にはそれは決して慰めにはなりません。彼の冷静な目は、死において果たして人間の公平が期待できるかどうかをじっと見つめます。そして、こともあろうに、死者の葬りに際してこそ正義への問いが特に刺激されるのを見逃すわけにいかないのです。そこでは、コヘレトはキリストが金持ちと貧しいラザロについてお語りになったと同様のことを感じているのです。いつの時代にも、葬儀に際してこそ、特に倫理的世界秩序が乱れるのです。すなわち、故人が地上において過ごした道徳上の態度とはまったく逆の、ふさわしくないことが葬儀においてみられるのです。不正を行うことの多かった者に多くの花輪がさげられ、追悼の言葉や弔辞が長々と述べられるのです。そうしたことにコヘレトは耐えられません。「そして、悪しき者たちが葬られるのを私は見た。彼らは聖なる場所に出入りしていたが、あのように振る舞っていたことは町で忘れられている。これもまた空である」（一〇節）。もしもこれがわれわれの人生の実情だとすれば、それこそ揺り籠から墓場まで倫理的秩序は乱れきっていると言わざるをえません。私はある老いた肉屋の主人の苦笑いを決して忘れることができません。彼はせっせと働いたあげく、その晩年に及んで、すんでのところで隣人たちにだまされて落ちぶれそうになったのでしたが、それからのち、彼は長年にわたって、死ぬ時まで、いつも次の言葉を口癖のように付け加えるのでした。「正直は最良の策ですよ、ところが、盗みもしない者が失敗するんですからねぇ」と。また、時おり若者たちが口ずさむミミズの歌にも、そうした神の支配に対する絶望が響いているのではないでしょうか。「ときには曲がり、ときには真っ直ぐだ！」。多くの不正を目にしている若者たちは、やけくそになって次のように折り返し（リフレイン）を歌うほか何ができるのでありましょう。「のろま、とんま、変な奴、のろま、とんま、嫌な奴！」と。

人の心がこうした無情で冷酷なものになる危険をコヘレトはよくみてとっています。「悪事に対して判決が速やかに下されないため、人の子らの心は悪をなそうという思いに満ちる」(一一節)。神がすぐ手をお打ちにならないために、多くの者は神御自身がこの世のことをすでにあきらめてしまわれたのかと考えるようになるのです。そして、そう考えることによって、さらに悪に誘われているのです。けれども、これに対して、コヘレトは指を高くあげて抗議をします。たしかに、彼の目には正義が世に行われている有様が映りません。いたるところで不正が行われているのを彼は知ります。だが、彼は神を信じます。正義を信じます。そこではまさに信仰が問われているのです。しかも、それは、主がかつてトマスに言われた、あの信仰です。「私を見たから信じたのか。見ないで信じる人は、幸いである」(ヨハネ二〇・二九)。コヘレトは信じます。目に映るのは不正が横行するこの世です。にもかかわらず、彼は信じるのです。その信仰が、彼に言わせます。神は性急にことを裁かれない。神御自身は即決裁判をなさるようなお方ではないのだ、と。「神のひき臼はゆっくり回る」のです。——、しかし、それは確実に「回る」のです。「百度も悪を重ねながら、生き長らえる罪人がいる。しかし、私は知っている。神を畏れる人々には、神を畏れるからこそ幸せがあると。悪しき者には神を畏れることがないゆえに幸せはない。その人生は影のようで、生き長らえることがない」(一二―一三節)。この、にもかかわらず信ずるという信仰、この信仰こそ、コヘレトがここで語る知恵です。この知恵は人の目を明るくし、霧でおぼろにかすむなかを通して、まことの見るべきものをみさせます。すなわち、神が万事において最後の断をお下しになるということを、です。

たとえ、いまこの世において正義が行われているということが目に映らなくとも、それにもかかわらず神のまったき正義を信ずる信仰、それがまことに力にみちた光を放つのであり、そして、事実、このコヘレトをしてその人生を楽しませるのです。彼は、人生において辛くあたられ、また、不当に「ばかにされた」人びとの顔にしばしば認められるような、ふきげんな顔つきになる必要はありません。彼は、もはや、自分を皮肉りながら顔を見苦しくゆがめつつ生きる必要はありません。彼は赤いベレー帽をかぶったままでいてよいのです。彼はそれを、世をはかなんだ者のかぶる灰色の帽子に取り替える必要はありません。神をないがしろにするような言葉を吐いて、人びとの魂を傷つける必要はありません。信仰の知恵は、事実、その顔を輝かせ、そして、彼に次のように語らしめるのです。「そこで、私は喜びをたたえる。太陽の下では食べ、飲み、楽しむことよりほかに人に幸せはない。これは、太陽の下で神が与える人生の日々の労苦に伴うものである」（一五節）。いいえ、太陽はこの人物にとって沈むことがありません。彼の顔を照らします。そして、彼は信ずるがゆえに、赤いベレー帽をかぶり、他人をさげすみながらこれを灰色の帽子にとりかえる必要はないのです。

そのするどい観察や直感、経験にもかかわらず、彼が以上のような喜びを抱きうるということは、コヘレトが生きている時代を考えあわせる時、なおいっそうの驚きです。一八世紀には、「わが世はもろもろの世界の中で最良のものだ」、また、「生きることは楽しい」と歓声をあげて喜んだ人びとがおりました。けれども、コヘレトはそのような世界観の巨大な波のなかに生きているのではありません。それどころか、彼は不正がほしいままに横行する寒々とした時代に生きているのです。すなわち、専制君主が横暴をきわめる時代です。コヘレトはここで、圧政的権力をもつ一人の王について語ります。「王の言葉には権威がある」(四節)。王はいかなる方面からの反論をもゆるしません。「誰が王に『なんということをなさるのか』と言えよう」(四節)。そうです、コヘレトはこの王が民を虐げていることを知っており、彼が一種の国家的不幸であることを知っています。「いまは、人が人を支配し、災いを招く時代である」(九節)。

不正そのものが政治をつかさどり、人のかたちをとった国家的不幸が玉座にあるような時代に、人びとはどうすればよいのでしょうか。そこでは信仰の知恵はなおも輝くことができるのでしょうか。もしかすると世界は真っ暗になってしまうのではないでしょうか。コヘレトが信仰にもとづいて告げる提案は興味深いものがあります。彼は二つの事柄を告げますが、それは対《つい》をなしているので、両方を一気に語るべきものであるかもしれません。まず、彼は、こうした暴君であっても、それは神によって立てられた服従すべき権威であることを確認します。そうです、彼は明らかに、こうした不正な権威に対して誓いを破ったり、革命的手段を弄したりしないようにと、忠告するのです。彼は忍耐しつつこの不正な王の政治のもとにその身を置きます。「私は言う。神との誓いのゆえに、王の言葉を守れ。王の前から慌てて立ち去るな、悪事に関わるな。王はすべてを思いどおりにするのだから。王の言葉には権威がある。誰が王に「何ということをなさるのか」と言えよう。王の命令を守る者は悪事を知らない。知恵ある者の心は時と法をわきまえる。」（二―五節）。「これらすべてを私は見て、太陽の下で行われるすべての業に心を向けた。今は、人が人を支配し、災いを招く時代である」（九節）。だが、それは彼の勧告のうちの一部でしかありません。彼はただちにこれに続けて第二の事柄をつけ加えます。この第二の事柄を抜きにしては第一の事柄は誤解されてしまうのです。彼は次のように告げます。すなわち、いかなる事情にあろうとも、こうした不正な暴君やその恐怖政治に信頼を寄せてはならない、と。神の正義を信ずる者は、不正の最後の成果を信じません。ところが、すべて権威の座にある者は人びとが彼に信頼を寄せるようにと命じます。そして、事実、彼が成功を収めている限り、彼にやみくもに服従する人々はいるものであり、しかも少なくはないのです。けれども、コヘレトのように神を畏れる者は、たとえ不正がどのように成功を収めていようとも、すべての暴君の足がまことにもろいことを、信仰において見てとるのです。コヘレトは、神の御旨にすべての不正に対する誤りない裁定が秘められていることを、あらかじめ知っています。それゆえに、彼は自分から政治的転覆計画を練るというようなことは放棄するのです。もしもその王に割り当てられた杯が満ちたならば、その器は必ずや砕け散るでありましょう。暴君は彼に託された限度を超えて政権を握ることはありません。彼の時が至ったならば、どのような防御策ももはや功を奏しないでしょう。人は風を追うことはできません。死の訪れる時を決定することはできません。また、戦争の時には休暇をとることはゆるされません。悪は悪事を行なう者を救うことはできません。それと同様に、暴君といえども自分の時がいつまでであるかを知ることができないのです。「知恵ある者の心は時と法をわきまえる。確かに、すべての出来事には時と法がある。災いは人間に重くのしかかる。やがて何が起こるかを知るものは一人もいない。確かに、何が起こるかを誰が人に告げることができるだろう。息を支配し、息を止められる人はいない。また、死の日を支配できる人もいない。戦いからの免除はなく、不正はそれを行なうものを救えない」(五－八節)。このやや難解にみえる言葉の意味することは、要約すれば、「暴君にも限度が定められている」ということです。地上においてどんなに恐怖政治が行われようとも、神の正義がまどろむことはありません。暴君にとっては、たくらまれた陰謀を法の名のもとに弾圧するのは最もたやすいことです。けれども、静かに義務を果たし、しかも為政者に心底から信頼を寄せない国民というのは最も手ごわいものです。多くの人びとの信頼を得られない事柄はいつしか自己崩壊していくのです。

　この知恵は単に政治上の権力者について当てはまるだけでなく、日常の最も小さい権力者との関係についても言えることです。人それぞれに個人的関係においてさまざまの暴君に悩まされている事実には、おどろくべきものがあります。配偶者がそれであるかもしれません。家主や共同間借り人がそれであるかもしれません。あるいは、上司や同僚がそれであるかもしれません。けれども、場合によっては、さらには冬の寒さや春先のフェーン現象など、天候がそれであるかもしれません。人生における小さな暴君、誰がそれらすべてを数えあげることができましょう！　それらすべてについて、コヘレトのまことの黄金律が当てはまります。すなわち、それらを耐え忍べ。だが、それらが全能であるとは信じるな、と。人生には背負わねばならない重荷があります。また、噛まずに呑み込まねばならない固い塊もあります。しかし決して、それらが最後的なものであると信じてはなりません。神御自身はそれらすべてにまさってすぐれておられるのです。

コヘレトの知恵、それは以上のようです。それは悪しき時代にあっても彼にまことのことを見させ、彼の顔を輝かせます。ただ、もちろん、コヘレトは最後の知恵はまだ知ることができずにいます。そして、それはキリストの知恵です。キリストの御前に立つ時、われわれは突如として次のような経験をもつにいたります。すなわち、これまで悪しき世界に対して傍観者の立場に立って、墨絵でも見るように正、不正を眺めてきた者が、突如として、自分自身もまた世界の不正に関しては単に被害者であっただけではなく、多かれ少なかれ加害者でもあったことを、認めるようになるのです。そして、厳密に言えば、世界のすべての不正に対立するのはただお一人だけ、すなわちその御顔を十字架からこの世界に向けておられるあのお方だけだということを、認めるにいたるのです。レオ・トルストイはある商人の民話を通して次のように語っています。すなわち、まだ若く、ほんの短い家庭生活の幸福を味わっただけの、ひとりの商人が、特殊な事情から、おそろしい強盗殺人を働いたという嫌疑をかけられました。その反証を示すことができなかったために、彼は終身刑を宣告され、後には減刑されてシベリアの強制労働に従事させられます。この商人アクショーノフはシベリアで年老い、白髪となります。トルストイは三語で彼を描写します。「にこりともせず、口数少なで、しばしば祈る」と。二七年間の追放ののち、ある日、新参者がやってきます。夕暮れに人びとが車座になって坐っている時、この新参者は何のために皆がここへ送られてきたのかその理由を次々に尋ねます。そして、あの無実の者が答える番になった時、彼はまったく驚いたことに次のように言ったのでした。「私の罪のゆえに、私はここにいるのだ」と。あきらかに、この男には最も深い知恵が生まれていたのです。そして、それは十字架の知恵です。この知恵は、もちろん、「ユダヤ人にはつまずかせるもの、異邦人には愚かなものですが、召された者には、神の力」なのです〔Ⅰコリント一・二三―二四参照〕。この十字架の知恵にはシベリアの暗黒をも照らす明るい力があるのです。

第9章　正しき者も知恵ある者も彼らの働きは神の手の中にある

私はこれらすべてを心に留め、明らかにした。すなわち、正しき者も知恵ある者も彼らの働きは神の手の中にある。人は、愛も憎しみも目の前にあるすべてのことを知ることはない。すべての人に同じことが起きているにすぎず、一つの運命が正しき者にも悪しき者にも、善人にも清い人にも清くない人にも、いけにえを献げる人にも献げない人にも臨む。善人にも罪人にも、誓いを立てる人にも誓いを恐れる人にも臨む。

太陽の下で行われるすべてのうちで最も悪しきことはこれ、すなわち一つの運命がすべての人に臨むこと。生きている間に、人の子らの心は悪に満ち、無知に支配される。そして、その後は死者のもとへ行く。

確かに、すべて生きる者として選ばれていれば、誰にも希望がある。生きている犬のほうが死んだ獅子より幸せである。生きている者は死ぬことを知っている。けれども、死者は何一つ知らず、もはや報いを受けることもない。彼らにまつわる記憶も失われる。彼らの愛も憎しみも、妬みすらもすでに消え去っている。太陽の下で行われるすべてのうちで、彼らにはとこしえに受ける分はない。

さあ、あなたのパンを喜んで食べよ。あなたのぶどう酒を心楽しく飲むがよい。神はあなたの業をすでに受け入れてくださった。いつでも衣を純白に、頭には香油を絶やさないように。愛する妻と共に人生を見つめよ。空である人生のすべての日々を。それは、太陽の下、空である人生のすべての日々に、神があなたに与えたものである。それは、太陽の下でなされる労苦によって、あなたが人生で受ける分である。手の及ぶことはどのようなことでも、力を尽くして行うがよい。あなたが行くことになる陰府には業も道理も知識も知恵もない。

太陽の下、私は振り返って見た。足の速い者のために競争があるのでもなく、勇士のために戦いがあるのでもない。知恵ある者のためにパンがあるのでもなく、聡明な者のために富があるのでもなく、知者のために恵みがあるのでもない。時と偶然は彼らすべてに臨む。人は自分の時さえ知らない。不幸にも魚が網にかかり、鳥が罠にかかるように、突然襲いかかる災いの時に、人の子らもまた捕らえられる。

次もまた太陽の下で私が見た知恵であり、私にとってただならぬことであった。

小さな町があって、僅かな住民がいた。そこに強大な王が攻めて来て町を包囲し、これに向かって巨大な塁を築いた。その町に貧しいが知恵のある男が現れ、知恵によって町を救った。けれども、この貧しい男を人々は記憶に留めることはなかった。そこで、私は言った。知恵は武力にまさるが、貧しい男の知恵は侮られ、その言葉は聞かれることがない。

静けさの中で聞かれる知恵ある者の言葉は、愚かな者たちの支配者が叫ぶ声にまさる。知恵は武器にまさる。一つの過ちは幸せをことごとく損なう。

コヘレトは人生を生きます。あらゆる反対理由を無視して、彼は人生を生きます。『カラマーゾフの兄弟』のなかでドストエフスキーは、キリスト教信仰をいだくひとりの若者を登場させています。その若者は、心から敬愛する長老が死んでまもなく、その死体が腐敗して死臭を漂わせはじめたという、一見何でもないような事件に深い驚きとショックを受けます。心から愛し尊敬していた者がそのようにもはかなく蛆虫の餌食とならざるをえないわれらの世界、そうした世界にわれわれが住んでいるのだということを、誰がふだん考えるでしょうか。かの若者はそうした事実に当惑し、叫ぶのです。「僕は神に対して謀反《むほん》を起したのじゃない。『ただ神の世界を認めないのだよ』」〔米川正夫訳〕。そうです、こうした叫びは多くの信仰者の叫びでもあるのです。すなわち、たしかに神に対して逆らうわけではないけれども、しかしながら、この神の造られた世界を認めることが難しいということ、それは多くの信仰者の悩みです。だが、ドストエフスキーはさらに続けて記します。この試練に直面した若者は、その後、ある一人の賤しい女性と出会い、彼女を通してキリストの愛を知らされます。すなわち、神がキリストによってこの大地を愛しておられることを知るにいたります。このキリストの憐れみの力に圧倒されて、いまや、この若者の魂は不思議に変わっていきます。この惨めで滅びゆく大地をキリストが憐れんでおられるという一事に圧倒されて、彼はわれ知らず、

――大地に身を投げ出し、地面に口づけし、大地をかき抱いて叫び、誓うのです。「自分は大地を愛する、永久に愛する」と。彼は神が愛された大地を喜びの涙でぬらし、その涙を恥としませんでした。彼は、ヨハネが「世も世にあるものも、愛してはなりません」〔Iヨハネ二・一五〕と警告する如く、罪によって世を愛するのでなく、贖い主の憐れみによって世を愛するのです。この変わった出来事に際して、ただ赦しという思いだけが際立って彼を捉えています。「自分は一切のことに対して、すべてのことを赦そう、そして、すべての人のために赦しを乞おう、自分の代わりには、またほかの人が赦しを乞うてくれるであろう。」そのようにしてキリスト者はこの大地を愛することができ、また、愛すべきなのです。

人は大地を憎むことがあるかもしれません。ところが、いまや、神が大地を愛しておられるゆえに、これを愛するということが生ずるのです。人は大地を斥けるかもしれません。これに対して否を唱えることがあるかもしれません。ところが、いまや、これに然《しか》りを唱えるということが起こりうるのです。それは偉大な奇跡です。この信仰による奇跡について、コヘレトは語るのです。コヘレトは次のように信じています。「正しき者も知恵ある者も彼らの働きは神の手の中にある」（一節）と。これは慰めにみちた言葉です。それは、この聖書のなかにあって心を爽やかにする言葉です。――このコヘレトはこの世の現状を知っています。あらゆるリンゴが虫食いの状態にあることを見ています。あらゆるものの滅びゆく臭いに、彼は深く衝撃を受け、当惑しています。けれども、「一個か二個の満足なリンゴのゆえに、彼は熱心にその樹全体を世話しようとする」(ルター)のです。彼はこうした大地に対して否を唱えることができるし、現に、この章全体を通して、そうした否の声が聞こえています。けれども、次の瞬間には、彼自身としてもおどろくことに、彼はふたたびこの世に対する然りを響かせるのです。なるほど、彼はキリストをまだ知らずにおり、信仰についてもほとんど語りません。けれども、彼はひとりの神を信じ、「正しき者も知恵ある者も彼らの働きは神の手の中にある」ことを信じています。そして、旧約聖書の神はイエス・キリストの御父であられます。そして、いま、われわれは、この第九章においても、どんなに言い尽くしがたい苦悩がこの地上にあって彼を囲んでいるかを見させられます。そこから、あたかも海のうねりのように、悲痛な叫びが湧き上がってきます。相次いで、三度、「否」の叫びが聞かれます。――このような世は否だ！　そして、相次いで、三度、彼は然りを唱えるために懸命にたたかいます。それは、信仰による、力強い、三度の「にもかかわらず」です。それは奇跡です。それは、人生が神の御手にあるゆえに、創造者から与えられた人生を人間が生きていく、という奇跡です。

この世がおおよそ問題に満ちているという印象を受けて、さきの第六章のときのように、彼はここでも、いささかうんざりするほどに強く、否定的な言葉を口にします。「すべての人に同じことが起きているにすぎず、一つの運命が、正しき者にも悪しき者にも、善人にも、清い人にも清くない人にも、いけにえを献げる人にも献げない人にも臨む。善人にも罪人にも、誓いを立てる人にも誓いを恐れる人にも臨む」（二節）。なるほど、かつてキリストも、神は悪い者の上にも良い者の上にも、太陽をのぼらせ、正しい者にも正しくない者にも雨を降らしてくださると言われました〔マタイ五・四五参照〕。けれども、それは神だからであり、神の御心であればこそ、です。「神の御心は強靭だ。だが、人間にはそれはできない」（ルター）。われわれ人間の心はそんなに広くはありません。かえって、われわれの心は弱く、狭いのです。それゆえに、こうした世には躓いてしまいます。われわれの見るところはあさはかですので、神の偉大な計算とわれわれの計算とは一致しません。そのため、われわれの気持ちは不愉快になり、腹立ちを覚え、意気消沈するのです。コヘレトはそうした大きな危険のあることを知っています。「太陽の下で行われるすべてのうちで最も悪しきことはこれ、すなわち一つの運命がすべての人に臨むこと。生きている間に、人の子らの心は悪に満ち、無知に支配される。そして、その後は死者のもとへ行く」（三節）。

「死者のもとへ行く。」――そうです。死ぬことができるなら、どんなにましなことでしょうか。この世に別れを告げ、この世から逃れることができたなら、どんなによいことでしょうか。しかし、どのようにして去るのでしょうか。逃げていくのでしょうか。いったい、どこに逃げて行くのでしょうか。生ける者の世から死者の世に赴くのでしょうか。死へと逃れるのでしょうか。いろいろに思いめぐらし、様々な感情にふりまわされて、そうした愚かしい方向へと足を向けようとする場合があります。先に、コヘレトすらも、すでに死者を賛美し、死者をうらやんだのでした（第六章）。それゆえに、彼は誘惑の力を十分に承知しています。けれども、彼はここでは強く自分を戒め、ここでは両足をふんばり、そうです、ここでは彼はさながら両手両足でしっかりとふんばって、ともすれば死への逃避に傾きがちな考えに懸命に抵抗しています。そうです、われわれには、彼がここで懸命になって抵抗しつつ死に向かって悪態をついているかに思えるのです。生きている者は、少なくとも、自分が持っているものが何かということは知っています。人は生きていてこそ、その持てるものをできるだけ長く手許に留めておきたいとの望みをもつのです。けれども、ひとたび死んだのち、そのあとに何がやってくるのかを、誰が知ることができましょう。そのように彼は理由づけをしています。いいえ、いいえ、なるほど人生は不愉快です。けれども、死者と取り引きすることはできないのです。死はさらに不愉快なことなのです。「確かに、すべて生きる者として選ばれていれば、誰にも希望がある。生きている犬のほうが死んだ獅子より幸せである」(四節)。獅子は猛獣の王であり、犬は近東地方では軽蔑されるべきものの代名詞です。けれども、どんなにさげすまれた犬であっても、威厳ある獅子の死んだものよりはましなのです。死んだならば、何も得るものがないからです。「生きている者は死ぬことを知っている。けれども、死者は何一つ知らず、もはや報いを受けることもない。彼らにまつわる記憶も失われる。彼らの愛も憎しみも、妬みすらもすでに消え去っている。太陽の下で行われるすべてのうちで、彼らにはとこしえに受ける分はない」(五―六節)。

ついでに言いますと、――コヘレトは死者を否定的に語りすぎると言って、彼はあまりにも悪く解釈されてきました。けれども、ここでコヘレトを批判する人は、そうすることによって自分が旧約聖書全体を批判しているのだということに、気づくべきです。旧約聖書全体において、死者の状態に関する見解は本質的に彼のそれと変わりはないのです。「死者の状態は、まったく慰めのないものである。旧約聖書は、死を、神の怒りという側面から観る。陰府の観念は錯綜《さくそう》しており、旧約聖書ではそれが整頓されてはいない」(デリッチ)。それにしても、コヘレトを無神論者や、ニヒリズムにくみする者と見る人は、もっとよく注意して見るべきです。彼は決して、何らかの、彼岸に関する哲学的思弁にしたがって批判しているのではないのです。死を「神の怒りという側面から」見、そのように判断することは、なんといっても新約聖書においても同じなのです。死は、新約聖書のどこにおいても、邪気のない「死神」のようなものとしては見られていません、死は「罪の支払う報酬」（ローマ六・二三）です。そして、それは「克服されるべき最後の敵」（第一二章参照）です。そして、事実、この敵に抵抗するに当たってわれわれがより頼むべきものは何もありません。まったく何もありません。主の復活をほかにしては。いったい、人間は死ぬときに、何に拠りどころを求めるべきなのでしょうか。キリストが復活の秘義によって勝利なさったという一事をほかにしては。もしも死そのものが訪れてきた時には、かりに死に関する含蓄に富んだ思想があるとしても、それが何の役に立つのでしょうか。キリストが甦られた、真に甦られた。そのことが、「生きている時も、死ぬ時も、わたしの唯一の支え」（『ハイデルベルク信仰問答』）です。そうだとすれば、死の問題に関してコヘレトが思想的に貧困であるということは、異教あるいは半ば異教化したあらゆる思弁にまさって新約聖書の復活の勝利が偉大であることを、よりいっそうあきらかに示すものと言えるでありましょう。ここで死者について述べられる一つ一つの言葉は、復活の贖い主を呼び求める救助への叫びです。

ところで、コヘレトが、血の通わない懐疑主義からどんなに身を遠く離しているか、そしてまた、「正しき者も知恵ある者も彼らの働きは神の手の中にある」生ける神への信仰にどんなに強く立脚しているか、それらのことが以下に続く彼の論述にはっきりと示されています。これまでのところで、彼はこの世がもろもろの問題性をはらんでいることを十分に観察し、また、ややもすれば頭をもたげてくる、この世からの逃避という試みがどんなに愚かしいかということを論じてきました。ところが、いま彼は、一見まったく唐突に、さながら復活の突発事態の異常さにも似て、急に、人生肯定へと転じます。すなわち、信仰のみが与えうる大胆さをもって、人生とこの世に然りを唱えるのです。カール・バルトは、一九一九年、かの有名なタムバッハの講演において、この個所に触れて次のように述べ、人びとの同感を呼び起こしたのでした。「イエスもこのようなことを言わなかった、などと思うならば、その人はいずれにせよ、彼をよく知らないのである」（『社会の中のキリスト者』村上伸訳）。「さあ、あなたのパンを喜んで食べよ。あなたのぶどう酒を心楽しく飲むがよい。神はあなたの業をすでに受け入れてくださった。いつでも衣を純白に、頭には香油を絶やさないように。愛する妻と共に人生を見つめよ、空である人生のすべての日々を。それは、太陽の下、空であるすべての日々に、神があなたに与えたものである。それは、太陽の下でなされる労苦によって、あなたが人生で受ける分である」（七–九節）。

よく注意すべきです。――いま、「空なる命」について積極的に語るその人は、けっして軽はずみな遊び人ではありません。彼は、つい先刻、人生の深淵をのぞき見たのです。彼は、もはや人生を生きたいとは望まず、人生からの落伍をすら考えたのです。彼は、万策尽きたのです。彼の時計は世捨て人となる直前五分前を指しており、彼はまさにこの世に別れを告げようとさえしているのです。ところが、いまや、――これこそ、本当に奇跡ですが、――彼は人生に然りを唱え、この世を肯定するにいたるのです。「大地はふたたび彼のものとなる」のです。ここでは、コヘレトにとって、事実上、かの若者に起こったことが、すなわち、その腐敗の臭いがあるにもかかわらず大地を愛しはじめるということが、生起するのです。いまや、このコヘレトもまた、さながら大地に身を投げ出し、これに口づけし、これをかき抱き、これを喜びの涙で濡らし、恥じないのです。いまや、彼もまた誓うのです。「自分は大地を愛する、神がこれを愛されるがゆえに、大地を愛する」と。しかも、それでいて、彼は今もなお、それが「空なる命」であることを知っています。そこには、どうしても、ドストエフスキーが登場させるもうひとり別の人物を連想しないわけにはいきません。彼は別の個所で、すでに死刑を宣告された人物について物語り、そして、その判決の執行前にその人物の胸中に去来した事柄を描き出します。この死のいけにえは、次のように思いめぐらすのです。「もしも私がどこか高い、高い場所に立たねばならず、しかも私の両足の下にはごくわずかの土地しかなく、その右と左には深淵が口をひらき、大海、永遠の孤独、永遠の怒涛が控えている時、——そして、この一片の狭い土地で生きるか、それとも死ぬか、どちらかを私が選べるものならば、わたしは生きることに賭けるだろう。それとも死ぬか、とうこと、ただ生きることだ。たとえ、それがどんなにせまい一片の土地であっても。」コヘレトは、狭い土地において生きようと決心する、この人物です。彼には行動の自由はほとんどありません。ごく限られています。けれども、彼はこのわずかな人生を肯定し、信仰ゆえにこれを軽蔑しません。だが、彼は、かの小唄、すなわち、「どうせわれらは明日は死ぬ、だから楽しめ、食い、飲めよ」という小唄を歌うのではありません。いいえ、コヘレトは信仰ゆえに人生に挑むのです。狭い地上で生きる信仰者は、食べること、飲むことについてわきまえをもちます。次のように述べられる事柄をよく承知しています。「さあ、あなたのパンを喜んで食べよ。あなたのぶどう酒を心楽しく飲むがよい、神はあなたの業をすでに受け入れてくださった。いつでも衣を純白に、頭には香油を絶やさないように。愛する妻と共に人生を見つめよ。空である人生のすべての日々を。それは、太陽の下、空であるすべての日々に、神があなたに与えたものである。それは、太陽の下でなされる労苦によって、あなたが人生で受ける分である」（七―九節）。祝い日の帽子どころか、ここでは、いまや、すっかり晴れ着をその身にまとうのです。コヘレトのような人物が喜びと人生の享受を促す時、それは明らかに神への畏れと信仰から出ていることであり、「酒、女、唄」にうつつをぬかす乱痴気騒ぎを思ってのことではありません。もちろん、紅茶やクッキーを味わいながら次のように歌う、無邪気で上品な愉しみを思ってのことでもありません。「人生を大いに楽しみましょう、ランプの明かりがともる間に。バラの花を摘みましょう、花々が萎みゆく前に。」ここでは、どうしても、新約聖書にある、かの群れを思い出さずにはおれません。かの飲食の情景を思い出さずにはおられません。すなわち、神にゆるされて、喜びに溢れつつ御前にぬかずき、聖卓より賜る飲食、また、「白い衣を着た数えがたき群れ」を、思い出さずにはおられないのです。

次に、大地と人生に対する第二の否定と肯定とが続きます。コヘレトは、人間が単に苦しみと喜びを経験しつつ狭い一片の土地で生きるだけでなく、さまざまの行動を試みつつ生きるものであることをも、指し示します。この人物は、人間の意志がどんなにままならぬものであるかを体験しています。すでに第一節において、彼は次のように述べました。「私はこれらすべてを心に留め、明らかにした。すなわち、正しき者も知恵ある者も、彼らの働きは神の手の中にある。」ところが、愛するとか憎むとか、われわれにとって最も身近に思えることにおいてすら、われわれは決してこれを完全に意のままにはできないのです。「人は、愛も憎しみも、目の前にあるすべてのことを知ることはない。」働く者はせまい一画の土地を耕して働きます。わたしはとても貧しいひとりの人を知っていました。村の人びとは、彼の畑では車の向きを変えることすらできないと、陰口をたたいていましたが、彼の土地はそれほど狭かったのです。けれども、たとえ車の向きを変えることができるほど畑が広くとも、われわれの活動ができる範囲は誕生と死の二つの里程標によってせまく区切られているのです。この限定があることを、コヘレトは深く確信しています。彼が人間の能力について語る事柄は、あらゆる時代の自己陶酔型の人びとにとっては大きな躓きでありましょう。「太陽の下、私は振り返って見た。足の速い者のために競争があるのでもなく、勇士のために戦いがあるのでもない。知恵ある者のためにパンがあるのでもなく、聡明な者のために富があるのでもなく、知者のために恵みがあるのでもない。時と偶然は彼らすべてに臨む」（一一節）。ここでわれわれの耳を打つのは、まことに聞きなれない言葉です。「足の速い者のために競争があるのでもない。」勝利はテンポの速さによって得られるのでは断じてありません。この一句は印刷して、すべての自動車の前面ガラスに貼るべきです。「知恵ある者のためにパンがあるのでもない。」どこの国々においても、とりわけわがスイスにおいては、人びとはこれに対して強く首を横に振るでしょう。世間では、優秀であるということがこよなく誉めそやされるのですが、この言葉はそうした賛美には同意しません。「知恵ある者のためにパンがあるのでもない。」これは、現代の教育プログラム是正のスローガンです。この語句は、冬、農閑期に開かれる農村学級から、医学、法学、神学が講じられる大講義室にいたるまで、ありとあらゆる学校の扉に張り出されるべきです。「聡明な者のために富があるのでもない。」これらの言葉によって述べられていることは、人間の心に思いはかることに限界があるということです。そうです、万事が順調であり、間違いなく成功だと思う途端に、別の見えざる手がそこに介入し、事態をまったく予期しない方向へ曲げてみちびいてしまい、そして、人はまさに魚が網にかかり、鳥が罠にかかったようになるのです。「人は自分の時さえ知らない。不幸にも魚が網にかかり、鳥が罠にかかるように、突然襲いかかる災いの時に人の子らもまた捕らえられる」(一二節)。まさしく、人間は自分の生涯を自分ではどうしようもないのです。「われらすべての者の業は、神の手の中にあり」、そして、「すべての出来事に時がある」のです。

けれども、なかには、こうした人間の行為すべてに限界があるという鋭い認識は人間の活動力を鈍らせはしないかと考える人がありましょう。だが、それは誤解というものです。かえって、逆に、自分の可能性に限界があることを心得てこそ、失望、反動、落胆を免れることができるのです。信仰は思慮と節度を伴うものであり、そのようにして信仰は行為となるのです。たしかに、「これは、人の意志や努力ではなく、神の憐れみによるのです」（ローマ九・一六）。けれども、こうした認識は人間を無気力にはせず、かえって、はじめて人間に活動する力を与えます。謙虚であるゆえにこそ与えられる力です。制限されてあればこそ、真の力が湧くのであり、無制限なところには力は湧いてきません。ソロモン王――、このコヘレトは歴史的つながりという点ではそういう権利がないにもかかわらず、内実的つながりゆえにこの王の名を名乗っています。――そのソロモン王は、生涯を通して平和のうちに建設に励むことのできた王でしたが、ほかならぬ、このきわめてすぐれた建築主が次のようにうたうのです。「もし、主が家を建てるのでなければ、それを建てる人々は空しく労苦することになる。もし、主が町を守るのでなければ、守る人は空しく見張ることになる」（詩編一二七編）と。こうしたまことの活動力の秘訣をコヘレトは心得ており、それゆえに、人間の行為に制約が伴うという否を知りつつも、あえてなお喜ばしい然りを唱えるにいたるのです。「手の及ぶことはどのようなことでも、力を尽くして行うがよい。あなたが行くことになる陰府には、業も道理も知識も知恵もない」（一〇節）。田舎には落ち着きがあります。すなわち、どんなに仕事に習熟していても、仕事と有能さという現代の偶像の前に膝を屈しない落ち着きがあります。フライベルクでほんの短い時間でしたが、ある熟達した家畜飼育者と会った時のことを思い出します。その時われわれは、最近の品評会で九五点をつけられた一頭の家畜を前にして立っていました。われわれは、その立派に育った家畜を賞め、その飼い主であり持ち主である人に祝いの言葉を述べました。そうこうしている間に、家の中から年取った彼の母親が出てきて、そっとわれわれの背後に立ちました。そして、しきりにわれわれが賞めそやしていると、彼女は突然に次のような言葉を投げかけてきたのでした。「私たちは生き物の世話をしただけだ、作ったわけではない！」と。彼女は、このコヘレトが考えているようなことを、よく心得ていたのです。すなわち、われわれが日常の仕事の限界を知り、また、同時に、すべての仕事に終止符を打ち、死が訪れてくる前に、為すべきことを十分に為すという新鮮な生活を過ごすべきことを、心得ていたのです。そうです、もろもろの主の主が、地上にあってわれわれのもとに日を過ごしておられた時、御自身にもそうした働きの上での限界があることをわきまえて次のように語られたということは、ほんとうに感動的なことです。「私たちは、私をお遣わしになった方の業を、昼の間に行わねばならない。誰も働くことのできない夜が来る」（ヨハネ九・四）。しもべは師にまさらず、です。

そして、最後に、なお第三の否定と肯定とがあります。コヘレトは一つの例、すなわちある「小さな物語」をもってこの章を閉じるのです。彼は一つの町を目にしました。――その名はわかりません。――それは小さな町であって、戦に参加できる者の数は少ないにかかわらず、強大な侵略者によって包囲されていました。その町に、貧しいけれど賢い人物が住んでおり、彼が町の当局者に与えた助言によって町は救われました。ところが、と、コヘレトは続けます。この賢い男は記念碑を建ててもらえませんでした。彼が、賢くはあったけれど、貧しい者だったからです。人びとは彼のことを忘れ去りました。そこで、普通ならわれわれはこうした物語をもとにして、この世は恩知らずなのだから、この世は指一本動かしてやる価値がないというはげしい言葉を予期するところです。ところが、ここには、そうした人間不信、人間蔑視に代わって、またもや力強い「にもかかわらずの信仰」が現れるのです。失望すべき事態にもかかわらず、コヘレトは知恵を賛美します。「知恵は武力にまさる」（一六節）。目先の成功だけを求める一切の考えを拒否する、まことに王者らしい響きがこの言葉にはあります。「静けさの中で聞かれる知恵ある者の言葉は、愚かな者たちの支配者が叫ぶ声にまさる」（一七節）。たとえ世論には無視され、記念碑を建ててもらえなくとも、また、巷に名声が広まらなくとも、それにもかかわらず、静かに生き、働き、勝利するという精神を堅持すること、――それを人びとは、人間精神を信ずると言い習わします。「最も静かな言葉こそが、嵐を巻き起こす。ハトの足跡をたどる思想が世界をゆり動かす」（ニーチェ）。この場合、もしもわれわれが、自分たちはあの新約聖書の群れであるということを、すなわち、信仰に生きるかぎりは、ほんの一握りの者たちでありながら、「陰府の門もこれに打ち勝つことはない」（マタイ一六・一八）といわれる群れであるということを考えるのでないならば、またもやわれわれは大いに反省しなければならないことになるでありましょう。恐れるに及ばない、この「小さい群れ」（ルカ一二・三二）は、この世にあっては貧しく、軽んじられます。信仰者は、「名も位もある」人びとが群がるようなところに属するのではありません。けれども、その信仰者についてキリストは次のように仰せになります。あなたがたは地の塩である」、「あなたがたは世の光である」と。

この章の終わりにあたり、以上のごとく大地と人生に対する三重の否と然りを聞かされたわれわれとしては、なお次のような感慨をもたざるをえません。すなわち、われわれ人間にとっては、一般的に、然りよりは否を唇にのぼせ易いということです。こうした周知の事実はすでに幼児にも観察することができます。それはコヘレトの場合にも別に変ってはいません。人間的な、あまりに人間的なものは、彼にとっても決して無縁ではありません。彼の場合にも先ず否が先に立ち、然りはそのあとからやってきます。だが、その然りは、どんなにあとからくるにしても、やはりやってくるのです！　コヘレトのこうした人生肯定は、ほんのわずかな短い夏の間にことのほか美しく咲くシベリアの花々にも似ており、また、わずかな壁にそっと咲く特に愛らしい草花にも似ています。けれども、もしも、きょう、ここに、その胸を辛く重い否でふたがれつつ出席なさった方があり、そして、その否がほんの少しでも緩み、その重荷がわずかでも軽くされたなら、われわれのあいだには大きな奇跡が、つまり、「にもかかわらずの信仰」の奇跡が生じたのです。御使いは天にあってそれを喜ぶでありましょう。それは、どこか疲れ、いくぶんなまけ心になっている人間が、新たに、人生を生きようという決心をいだくという奇跡です。

第10章

死んだ蝿は香料職人の油を臭くし、腐らせる

　死んだ蝿は香料職人の油を臭くし、腐らせる。少しの愚かさは知恵や栄光よりも高くつく。知恵ある者の心は右に、愚かな者の心は左に。愚かな者は道行く時も思慮に欠け、誰にでも自分が愚かな者だと言い触らす。支配者があなた憤っても、自分の場所を離れてはならない。冷静になれば、大きな罪には問われない。太陽の下に不幸があるのを私は見た。それは権力あるものが引き起こす過ちで、愚かな者が甚だしく高められ、富める者が低い地位に座している。私は、奴隷が馬に乗り、高官が奴隷のように地を歩くのを見た。

　穴を掘る者はそこに落ち、石垣を崩す者は蛇にかまれる。石を切り出す者は石で傷つき、木を割る者は木でけがをする。斧がなまった時、その刃を研いでおかなければ力が要る。知恵には益があり、成功をもたらす。もし呪文を唱える前に蛇がかみつけば、蛇使いに益はない。知恵ある者の口から出る言葉には恵みがあり、愚かな者の唇は身を滅ぼす。その口から出る言葉は愚かさで始まり、悪しき無知で終わる。愚かな者は多くを語るが、やがて何が起こるかは誰も知らない。その後どうなるかを誰が彼に告げることができようか。愚かな者は労苦したところで疲れるだけだ。町に行く道さえも知らない。

　王が若者で、高官たちが朝から食事をする國よ、あなたに災いあれ。王が高貴な生まれ

で、高官たちがふさわしい時に、飲むためにではなく、力を得るために食事をする國よ、あなたは幸いだ。
怠惰になると天井は落ち、手を抜くと家は雨漏りがする。食事を整えるのは笑うため。ぶどう酒は人生を楽しませる。銀はそのすべてに応えてくれる。心の中で王を呪ってはならない。寝室で富める者を呪ってはならない。空の鳥がその声を運び、翼を持つものがその言葉を知らせてしまう。

人間の知性を讃える歌！ でも、それがすべてなのでしょうか。たしかに、聖書の他の部分すべてとこのような讃歌を照らし合わせる時、ここで直ちにそうした問いが湧きあがるのです。聖書は、人間の思考能力に関しては、これを評価するのに慎重であるようにと警告しているはずではないでしょうか。あらゆる人間の知識に対する深い疑念が聖書全体を貫いているはずではないでしょうか。すでに聖書の開巻数頁にして、見のがしえない警告の指が高く挙げられているのではありませんか。まさにその個所において、誘惑者は人間をそそのかして言うのです。「神のように善悪を知る者となることを、神は知っているのだ」〔創世記三・五〕。そこに登場するのは次のように告げられている、経験を積んで悪賢い蛇です。「神である主が造られたあらゆる野の獣の中で、最も賢いのは蛇であった。」そして、イエスもまた、人間の知性に関する、こうした見解や疑念を肯定しておられたのではないでしょうか。御自分の弟子として召された人びとは「無学な普通の人である」（使徒言行録四・一三）漁師たちだったというのですから。また、エルサレム入りに際して、子どもたちがこぞってイエスを歓迎した時、イエスはあの詩編の言葉を思い出しておられます。「幼子や乳飲み子の口に、あなたは賛美の歌を整えられた」〔マタイ二一・一六。詩編八・二参照〕。だが、また、近づいた受難の秘義を弟子たちに向かって最初に明かされた時、イエスはペトロの告白に対して次のように言っておられます。「あなたにこのことを現したのは、人間ではなく、天におられる私の父である」〔マタイ一六・一七〕。ニコデモとの夜の会話の折、イエスは真の認識を得るのに妨げとなっている、この教師の賢《さか》しさを戒めて仰せになります。「あなたはイスラエルの教師でありながら、こんなことが分からないのか」〔ヨハネ三・一〇〕と。そうです、あの大いなる山上の説教の最初でイエスは「心の貧しい人たち」を祝福なさいます。また、神による万民の秘められた支配が問題となっている個所で、イエスは次のように呼ばわっておられます。「天地の主である父よ、あなたをほめたたえます。これらのことを知恵ある者や賢い者に隠して、幼子たちにお示しになりました」〔マタイ一一・二五〕と。

そのように、キリストは知識人の知性の中に御国に入るのを妨げる困難があることを見ておられます。人間精神は、はかない此岸《しがん》の関心事に関してはどんなに大胆かつ広汎に活躍することができても、神の国の出来事や秘義に関してはまことに不十分なものでしかありません。知性は、他の場合にはどんなに鋭敏であることができても、霊的事柄に関してはまことに鈍く無能であることをさらけ出さざるを得ません。ここでは次の言葉が当てはまります。「肉から生まれたものは肉である。霊から生まれたものは霊である」〔ヨハネ三・六〕。そうです、われわれの知性は神の出来事を把握するには単に無能であるばかりではなく、さらには、心ならずも神の事柄を避けてしまうものでさえあるのです。人間の知性は、簡単に、神への反逆の事実上の中心となってしまうのです。ひとたび知性がそこまでいってしまいますと、それはまさに危険なものとなります。どんな動物も、人間ほど広範囲に害を及ぼすことはできません。人間には知性が与えられているために、それが可能なのです。そうです、われわれの知性は単に不十分なもの、忌まわしいもの、危険なものであるにとどまりません。それは――罪なるものでもあります。詩人は祈りのうちに「私の体に健やかなところはなくなりました」〔詩編三八・八〕と告げますが、そう語る時、彼はわれわれの脳髄もまた全般的罪性の中に埋没してしまっていることを考えているのです。そのうえ、われわれの知性は特に経験を積んで悪賢く、頑固な罪人なのです。したがって、「健やかな知性」というありきたりな言い回しにまさって、大きな疑問符を付けねばならぬ言葉は、滅多にありません。われわれ人間の知性が切実に医者を必要としているということは、使徒パウロがくりかえし新たに指摘したところです。彼は、自然のままの人間の目にはキリストの死の犠牲が愚かなこととしてしか映らないという、注目すべき事実のなかに、そのことを見てとったのです。自分としては何をも持たない者が人類の恩人となるのだということ、自分としては救いを必要としている者が救助者になるのだということ、よりによって、縄目の恥を受けて釘付けにされた者が人類の解放者と自称するということ、神が世を贖うのに可能なすべての方法のなかで十字架の道をお選びになったということ、そのことはわれわれの知性にとっては不条理としか感じられないのです。このうえもなく気高い神の知恵、またこのうえもなく深い神の秘義であるキリストの十字架を、愚かなものと考えてしまうほどに、われわれの知性は罪深いのです。「ユダヤ人にはつまずかせるもの、異邦人には愚かなものです」〔Iコリント一・二三〕。聖書全体を通してみる時に、われわれの知性はそのように扱われています。

それだけに、神が、それにもかかわらず、この経験を積んで悪賢い罪人に誉れを得させてくださるということは、まことにおどろきです。その限りない憐れみと忍耐とのゆえに、神は御自身の被造物の一つをも軽んじられず、われわれの知性をも軽くみなされません。先に見たように、聖書にはわれわれの知性についてその限界性、危険性、罪性についてはっきりと述べられているにもかかわらず、人間の知性は軽んじられず、除き去られることがありません。いいえ、神がお造りになった事物は何一つとして捨てられないのです。知性は、神の国で活用される機会をもっているのです。聖書は、――そして、それは驚くべきことですが――次のようにその才智を神によって用いられた一連の人びとを堂々と列記しています。族長物語に出てくるあの如才のない家令エリエゼル、「狡猾な人」と呼ばれた族長のひとりヤコブ、また、「賢者」の肩書をつけられたソロモンなどを、誰が考えないことがありましょう！　とりわけ、神の子らが暴君の館や宮廷で過ごさねばならなかった場合には、神はしばしば彼らに特別な知恵と知性とを賜わりました。エジプト人のあいだにおかれたヨセフの知恵、ファラオの面前に立つモーセやアロンに授かった才智、バビロンにおけるダニエルとその仲間たち、ペルシャ王の宮殿におけるエズラやネヘミヤのことが思い出されます。一連の賢い婦人たちのことも思い浮かんできます。エバ、サラ、ラケル、ラハブ、ルツ、アビガル、エステル。けれども、なかでも、新約聖書には主によって語られた多くの譬があります。たとえば、岩の上に家を建てた賢い人と砂の上に家を建てた愚かな人の話、五人の思慮深いおとめと五人の思慮の浅いおとめの話、また、過去におかした不正のゆえにではなく、「利口なやり方」のゆえに賞賛を受けている不正な家令の話などです。そうです、その同じたとえ話では、

「この世の子らは光の子らよりも、自分の仲間に対して賢く振る舞っているからだ」〔ルカ一六・八〕という注目すべき言葉すら述べられているのです。われわれは、救い主がその敵対者へ答えられるにあたって、賢明さでどんなにまさっておられたかを考えさせられます。主は、その手向かう者たちの口を封じるすべを御存じなのです。われわれはまた、パウロのような人物がほとんど世渡り上手と言えるほどの巧みさをもって、必要な時点においてはいつもそのローマ市民としての権利をうまく活用したことを考えさせられます。そうです、われわれとしては、キリスト御自身が御自分の教会に向かって、来るべき迫害の時には蛇のように賢く、鳩のように素直であれと忠告なさったことに思い至るのです。いいえ、聖書ではどこにも愚かであるようにとは勧められていませんし、また、どこにも人間が無知でいることが頼もしいなどとは述べられていないのです。神はわれわれの知性の限界と危険性とをよく知っておられるとともに、神はそれを御自身の御業のためにお用いになり、またわれわれにもそれを活用することをお望みなのです。

こうした聖書全体の光のなかにおいてみてはじめて、コヘレトによる人間の知性の賛歌は正しく評価できるのです。このコヘレトはあらゆる事柄が空であることを承知しており、人間の知性が空であることをもよく承知しています。けれども、それにもかかわらず、限られた枠の中で人間の知性は軽んじられてはならないものであり、むしろ有用なものとして尊ばれるべきものなのです。コヘレトは、人間の才智を過大評価したり、ましてや思考力を偶像視したりするのでは決してありません。そのことは、知性を讃える彼の歌が、まず人間の愚かさを述べる言葉によって始められていることに明らかです。それは、あたかも、愚かな者はいつも先走りするものだと、苦笑しながら語っているかのようです。そして、人間の愚かさが人生に及ぼす影響は決して軽いものではありません。それはほんのわずかの愚かさであっても、影響は甚大なのです。ここで、香料について、どんなに高価な薫り高い油であっても、わずかに小さな死んだ蠅一匹がその中に落ち込んだだけで腐り始めると述べられているのを聞く時、わたしはあるひとりの老いた僕の叫ぶ声を思い起こします。彼は、われわれが不注意にもスピードをあげて馬車を走らせる時には、いつもかん高い声を上げ、指を突き立てながら叫ぶのでした。「ゆっくりやれ、ゆっくりやれ！」と。犯されるのがどんなに些細な愚行であっても、そこには不幸が待ち構えているのです！　それほどに、人間の愚かさは個人や全人類の生活の中で威力を発揮するのです。しばらく前のことですが、人間の愚行のもととなる病菌を発見して、それを滅ぼすのに成功したある大学教授を主題とした映画が、世界中で上映されました。この映画フィルムは他の作品以上に、当地でもロングランを続けました。けれども、愚行は決してなくなりませんでした。シラーはタールボトに次のように語らせます。「何をたわけたことを。そなたが勝利を占め、わしが滅びざるを得ぬというか！　たとえ神々が愚かしき手段に訴えて襲いかかろうとも、無駄なことよ」、と。なるほど、一切の誇張を避けるわがコヘレトはそのようなことを口にはしません。けれども、彼は人間に知性が欠けることがどんなに不運な結果を招くかを知っています。「死んだ蠅は香料職人の油を臭くし、腐らせる」（一節）。愚か者は正しく人情を理解しませんので、触れる一切のものが彼にはゆがんで見えます。コヘレトは容赦なく書き記します。愚か者が根本的に愚かなのは、自分が愚か者だということがついぞ分からずにおり、そして、自分をまったくの利口者とし、他の人たちをまったくの愚か者とみなすところにあると。したがって、自分を知るということは、愚か者の場合には長所どころではありません。それは、かえって、自分を笑いものにするだけです。「死んだ蠅は香料職人の油を臭くし、腐らせる。少しの愚かさは知恵や栄光よりも高くつく。知恵ある者の心は右に、愚かな者の心は左に。愚かな者は道行く時も思慮に欠け、誰にでも自分が愚かな者だと言い触らす」（一－三節）。

それにしたがって、コヘレトが賢さと愚かさとを分けているその分け方は、興味のないことではありません。彼は、普通に行われるように、利口な人びとを上に求め、愚かな人びとを下に、つまり無学文盲の人たちのあいだに求めるということをしません。彼は愚かさが上に位する者たち、しかも最も上位に位置する者たちのもとにも見られることを述べます。これは彼の判断が柔軟であることとの証拠です。よく人びとが言うように、年齢を重ねたからといって愚かさから解放されるとは限らないごとく、財産や社会的地位は必ずしも人を愚かさから守るとは限りません。たしかに、「神は、務めにつかせられた者には、知恵をも賜わり」ます。けれども、コヘレトは、高い地位にある者が、あきらかにその地位を神から授かったのでないために、知恵を欠くことがあるということを、見てとるのです。上に立つ者たちに分別が欠けていることを、コヘレトは特に、彼らがその同じ仲間の中から高位に就く者を選ぶその選び方に見てとります。有能な人物が下に留めおかれ、何事も他人の言うなりに肯くだけの無能者が漁夫の利を占めるなぞということは、時の指導者層が特別に聡明であることを証明しません。だからといってコヘレトは、一世代前の保守的なベルンの政治家ユーリイ・ドュレンマットのように歯がみしつつ次のように語るということをしません。彼はその政治詩のなかでこんな風に述べるのです。「大した秘密がありもしないのに枢密院があり、そして、耳のほかに何ひとつ偉大なもののありはしない州議会議員諸公がいるのだ」と。けれども、われらがコヘレトはそのように乱暴な言い方はしないで、明瞭に語ります。「私は、奴隷が馬に乗り、高官が奴隷のように地を歩くのを見た」（七節）。奴隷たる者が馬に乗っている有様を見ようとするには、わずか五分間だけ現代の大自動車道に目を注いだり、あるいは、わずか五分間だけ新聞の記事に目を通せば十分です。けれども、こうした強大な権力の保持者がその地位を濫用して、部下の人びとをほしいままにあしらっている時、コヘレトはそれについて告げるのです。こうしたことはユーモアをもって平然とうけとめるのがよい、と。失脚して不遇な状態におかれた、ある有能な将軍は、いま何をしようと考えているのかと問われて、次のように答えました。「私のパイプをくゆらすことだ」と。コヘレトが与えそうな回答です。不正が横行する時代というものがあります。そのようなときには、パイプでもくゆらしているのが得策です。ただ一つのことはしない方がよいのです。騒ぎ立てるということだけはしない方がよいのです。後の時代に必要とされるエネルギーを、むやみやたらに浪費することはやらないに限ります。ところが、本当に愚かな者は、このような時に躍起となって立ち騒ぎ、時期がこないのに陰謀をたくらむのです。上に立つ者らの愚かさは、ユーモアをもって耐えるのがよいのです。「支配者があなたに憤っても、自分の場所を離れてはならない。冷静になれば、大きな罪には問われない。太陽の下に不幸があるのを私は見た。それは権力ある者が引き起こす過ちで、愚かな者が甚だしく高められ、富める者が低い地位に座している。私は、奴隷が馬に乗り、高官が奴隷のように地を歩くのを見た。」(四－七節)。

けれども、知恵が入用なのは指導者層の人びと、高い地位にある人びと、あるいは、政治をつかさどっている人びとだけとは限りません。それは毎日の生活を切り盛りするにも必要ですし、ごく平凡な人びとにとってもなくてはならないものです。コヘレトはこの場合、差し当たってはまず、教えても甲斐のない愚か者は別として、誰にも必要な処世訓のようなものを考えています。彼が今、理解を得させようとして、危険な事柄の一つ一つをことを分けて念入りに数えあげる時、それはほとんど熟練した傷害保険の外交員が語っているのを聞くような気がします。穴を掘る者には、そこに落ち込む危険がありあります。逆に、石垣を取りこわす者には、その間隙に巣くう蛇にやられる危険があります。石切り場に働く者には、石の砕片で傷を負う危険があります。そして、かんなをかける者には、かんな屑が舞います。それぞれの仕事につきまとう危険には細心の注意をもって臨むべきですし、また、風土からくるおとしあなに対しても、同様です。都会に住む人びとは何もかぶらず大胆に日光に頭をさらしますけれど、バーリス〔スイス・アルプスの南側にある州の名〕の女性は念入りに頭を頭巾で覆います。山地の住民は、谷間に住む人たちが忙しい都会のペースで山登りするのを見て、笑います。彼らはゆっくりした足どりで険しい山をのぼるのです。海辺に生活する人びとは、よそから来た人たちに、海をあまり見くびらないようにと忠告します。また、熟練した農夫は、早春や晩秋にはじかに地面に腰を下ろさず、必ず下に何かを置いてから坐るのです。そうです、コヘレトは、このような思慮深い働き人が心得ており、また、採用している些細な積み重ねがわれわれを軽はずみな人間から区別するのだと、教えるのです。慣れた運搬業者が、とんでもなく重い荷物を、あきれるほど易々と運ぶのを見て、われわれはおどろくものです。コヘレトの念頭には、刃のこぼれた手斧で仕事をし、そのために余計な労力を費やす木こりの姿も浮かんでいます。かつて、ある林業関係者が教えてくれたことを思い出します。森で木を切り倒す時には、念には念を入れて、道具の手入れをするのだそうです。よく手入れのしてあるのこぎりや手斧とそうでないものとでは、三〇パーセントの効率の差が生まれるというのです。どんなに小さな仕事にも創造者が人の子らにお与えになった知恵が用いられることを、コヘレトは知っています。わかりきったこと、あまりにわかりきったことだと、われわれは考えます！　けれども、何にもましてわれわれは、わかりきったそのこと自体を、くりかえし、思いうかべるべきなのです。「穴を掘る者はそこに落ち、石垣を崩す者は蛇にかまれる。石を切り出す者は石で傷つき、木を割る者は木でけがをする。斧がなまった時、その刃を研いでおかなければ力が要る。知恵には益があり、成功をもたらす。」（八－一〇節）。

知恵と愚かさは、仕事に関してのみあるわけではありません。それは語る事柄についても当てはまるのだと、コヘレトは続けます。手の業の場合だけでなく、口の業についても当てはまるのです。愚者は時期をわきまえずに口を開きます。けれども、知者は最もふさわしい時と場所とを考えつつ、語ります。コヘレトはここで、われわれには余りなじみのない蛇使いの例を持ち出します。呪文を唱える時期を失すれば、彼自身が蛇にかまれることになりかねません。知者は人びとを容易に納得させ、傾聴するに足る言葉を語ります。しかし、愚者は不用意に言葉数だけを多く数えて、人びとを感心させることがありません。愚者がしゃべり散らすことは、「いたるところにあって」、銀であるよりはブリキです。コヘレトは言います。愚者は多くをしゃべりながら、しかも自分で理解してもいない事柄について好んで語る。そして、それでいて愚者は町に入ることさえ知らないのだ、と。これは、ふたたび、ユダヤの諺です。「町に行く道さえも知らない」〔一五節〕というのは、誰でも知っているはずの自明の事柄を知らないという意味で、いわば平地を歩いておりながら躓くようなことを指しています。それは知恵を欠くためです。われわれはこの関連において、主イエスが、さばきの日にわれわれは言葉に責任をとらねばならないと仰せになって、おしゃべりを戒められた言葉を思い起こします。「もし呪文を唱える前に蛇がかみつけば、蛇使いに益はない。知恵ある者の口から出る言葉には恵みがあり、愚かな者の唇は身を滅ぼす。その口から出る言葉は愚かさで始まり、悪しき無知で終わる。愚かな者は多くを語るが、やがて何が起こるかは誰も知らない。その後どうなるかをだれが彼に告げることができようか。愚かな者は労苦したところで疲れるだけだ。町に行く道さえも知らない」(一二―一五節)。

最後に、知恵は仕事や言葉にだけ必要であるのではなく、沈黙するにもまた必要です。われわれの個人的また国民的生活においては、知恵がわれわれに沈黙を命ずる時があるものです。コヘレトはこの章の最後の部分でそのような一つの時代について記します。それは、明らかに、おそるべきさばきの時代です。イザヤは、かつて、イスラエルに告げるべき次のようなさばきの言葉を託されました。「私は若者たちを長とし、気まぐれな者が民を支配する」(イザヤ三・四)。コヘレトは、ここに、このさばきの状態が臨んだ様子を書き記します。玉座には頼りない幼児が即位させられています。その助言者や後見役の者たちは貴族たちであり、彼らについては、「朝から食事をする」と記されます。政治の実権を握る者たちが朝から宴会を開き、満腹のあげくには会議の席上で背もたれにもたれて眠り込み、緊急かつ重大な議事も翌日回しとなります。こういう国はわざわいです。その逆に、政治の実権者たちが正しい時刻に食事を摂り、栄養を十分に補給してまどろむことがない、こういう国はさいわいです。その王座に知恵が宿らず、思慮のない幼児が即位しているようなところでは、あけすけに描写されているごとく、屋根の梁は沈み、雨が降れば無残な有様となります。家屋の所有者にとって屋根の下の構造を十分に監督することを怠るのは不精の極みです。一国の政治においてそうした最も基礎的なところに目が届かずにいる時、その国民はまことにわざわいです。そのために、国民はかつての国家の栄光をあえて期待しないようになります。そして、かつての為政者への無言の信頼は失われます。わいろが窓越しにやりとりされるようになります。さばきの時が熟しつつあることの明らかなしるしです。かかる時代には、とコヘレトは次のように言います。かかる時代には、賢い者はその知恵を働かせるがよい。つまり、目と耳を広く開けつつ、しかし、口はしっかりと閉じておくがよい、と。なぜなら、それはどんな警告をしても、時すでに遅く、なにを語っても聞き入れてもらえない時代だからです。そして、同時に、人々は、もはや、あえて聞こうとせず、それでいて壁に耳ありであって、現代風に言えば郵便も電話もすべて監視されている時代だからです。その時には沈黙するのがよいのです。寝室ですらも安心できず、心のなかで呪うことすらできません。なぜなら、空の鳥がそのひそかな声を思いがけぬ所に運んでゆくでありましょうから。これらの言葉は、主がかのさばきの座に引き立てられた時厳然として守られた沈黙の姿を連想させます！ 「王が若者で、高官たちが朝から食事をする國よ、あなたに災いあれ。王が高貴な生まれで、高官たちがふさわしい時に、飲むためにではなく、力を得るために食事をする國よ、あなたは幸いだ。怠惰になると天井は落ち、手を抜くと家は雨漏りがする。食事を整えるのは笑うため。ぶどう酒は人生を楽しませる。銀はそのすべてに応えてくれる。心の中で王を呪ってはならない。寝室で富める者を呪ってはならない。空の鳥がその声を運び、翼を持つものがその言葉を知らせてしまう」(一六―二〇節)。

人間の知性を讃える歌！　でも、それがすべてなのでしょうか。そのように冒頭のところでわれわれは問いました。そして今、われわれは知るのです。いいえ、人間の知性がすべてではないのだ、ということを。ただし、人間の知性は神からの賜物として決してさげすんではならないものです。コヘレトは、人間の物の考え方について、さながら地をはうように身を低くして、慎み深く語ります。ここ二世紀を通して幾人かの愚者が人間の知性について格別に高い評価を与えました。けれども、コヘレトはまことに賢明であり、人間の知性に度はずれた期待を寄せることをしませんでした。だが、人間の知性は、許された可能性の枠の中では行使されるべきものです。カントは、コヘレトの告げるところを十分に理解しており、『啓蒙とは何か』という論文のなかで次のように記します。「自己みずからの悟性を使用する勇気をもて！」〔篠田英雄訳〕と。上から来るものすべてを、それだけの理由によって尊ぶことのないよう、勇気をもちなさい。下から来るものすべてを、それだけの理由によって真実だと決め込むことのないように、勇気をもちなさい。誰が何と言おうとも、主の御声に耳を傾けておりなさい。言葉や観念や意見や判断を、それが権威ある筋から出て世に広く行き渡っているというだけの理由で、これをうのみにしないよう、勇気をもちなさい。刻印されているからといって、すべてをほんものの貨幣とうけとらないよう、勇気をもちなさい。国民を衆愚化する政策や宣伝がおこなわれて、国民を戦争への狂気に追いやるような時代には、われわれはコヘレトの書を開いて、神御自身がわれわれにお与えになった知恵を学んで、共鳴するのがよいのです。そうすることは、時間の浪費ではなく、まさに時の要請です。

第11章

あなたのパンを水面に投げよ

あなたのパンを水面に投げよ。月日が過ぎれば、それを見いだすからである。あなたの受ける分を七つか八つに分けよ。地にどのような災いが起こるか、あなたは知らないからである。雲が満ちれば、雨が地に降り注ぐ。木が南に倒れても、北に倒れても、その倒れた場所に木は横たわる。風を見守る人は種を蒔けない。雲を見る人は刈り入れができない。あなたはどこに風の道があるかを知らず、妊婦の胎内で骨がどのようにできるかも知らないのだから。すべてをなす神の業は知り得ない。朝に種を蒔き、夕べに手を休めるな。うまくいくのはあれなのか、これなのか、あるいは、そのいずれもなのか、あなたは知らないからである。

光は快く、太陽を見るのは目に心地よい。人が多くの年月を生きるなら、これらすべてを喜ぶがよい。しかし、闇の日が多いことも思い起こすがよい。やって来るものはすべて空である。若者よ、あなたの若さを喜べ、若き日にあなたの心を楽しませよ、心に適う道を、あなたの目に映るとおりに歩め。だが、これらすべてについて、神があなたを裁かれると知っておけ。あなたの心から悩みを取り去り、あなたの体から痛みを取り除け。若さも青春も空だからである。

コヘレトが人生を肯定していること、しかし、それが人生や世に対する、手放しで、やす請け合いの肯定でないことは、これまでの説明においても一度ならず明らかにしてきた通りです。けれども、この第一一章における彼の人生肯定には、これまでわれわれが聞かされた以上のものがあります。彼はここであまりに大胆に語りますので、彼の主張についてゆくには単なる勇気だけでは不十分です。ここでは信仰が必要とされます。しかも、それは厳密な意味での信仰、すなわち、外面的には一つの冒険として人の目に映るような信仰であって、それはまさに、新約聖書にある、もう一つ別の有名な第一一章に記されているような信仰です。「信仰とは、望んでいる事柄の実質であって、見えないものを確証するものです」(ヘブライ一一・一)。すなわち、大胆な計画をもあえて実行に移す、神への深い信頼としての信仰です。それは、神が御業をなさっていることを知り、また、神が全能であられることを思うゆえに、未知のものに対してたじろがず、新しい世界を目指して進む信仰のことです。コヘレトは、その信仰において、神の御業は不思議で万事に及んでいることを信じています。次の文章は彼の信仰告白だといってもよろしいかと思いますが、それはまるでイエスがあの老いたニコデモとの夜の会話の中で語っておられるようなことです。「あなたはどこに風の道があるかを知らず、妊婦の胎内で骨がどのようにできるかも知らないのだから、すべてをなす神の業を知りえない」(五節)。特にこのコヘレトに見られるように、万事に神の御業のあるのを確信している人の信仰がまことに生き生きとし、そして、しっくりと人生に適合しているのは、別にふしぎではありません。彼にとっては、信仰は信仰、人生はまた別のものといったような考え方ほど理解しがたいものはありません。信仰と人生との分裂状態というものほど、彼にとって無縁のものはありません。したがって、彼はまさしく「旧約聖書的社会哲学者」(K・バルト『社会の中のキリスト者』)と呼ばれるにふさわしい者であり、人間関係の成立について重要な意見をのべるに十分な資格をもつ人物です。そして、いま、コヘレトは発言しようとしています。単純で、そして単純なだけに分かり易いいくつかの典型的な情景を通して、彼が信仰によって、——つまり、風のように不思議に、「いたるところで」御業を行なわれる神を信ずる信仰によって——人生をどのように考えるかを示そうとするのです。

第一の場面は、遠い港を目指して船出する船乗りの生活からとられています。「あなたのパンを水面に投げよ。月日が過ぎれば、それを見いだすからである」(一節)。こうした情景が選ばれていること自体、独特で意味深いものがあります。旧約聖書では、水は、しばしば、この上もなく不安定なもの、恐るべきもの、危険なものという意味あいをもっています。水面にあなたのパンを投げよ、ということは、したがって、ひとつの賭けをすること、失われるかもしれないという危険をあえておかすことを意味していま す。したがって、ここで勧められていることは、人びとが「安定した生活」という言葉によって評価しているような事柄を断念しなさい、ということにほかなりません。普通に人びとが当然願うであろう人生の理想を拒否すること、揺り籠から墓場まで何の憂いもない人生というものを断念すること、です。「あなたのパンを水面に投げよ。月日が過ぎれば、それを見いだすからである」（一節）。この呼びかけは、少なくとも、不当な要求のように聞こえます。この言葉の意味は明らかではありません。古い時代から、これは親切や寛大であることが勧められているのだと解釈されてきました。自分のパンを気前よく兄弟たちや隣人たちに分け与える者は、やがて将来において報いられるだろう、と。この心を高めるような解釈に対しては、最近において（デリッチ、ヴィシェル）、別の解釈が立てられています。それによると、ここでの中心問題は、大胆に計画を立てることへの勧め、豪胆な人生態度の奨励だというのです。この二つの解釈はそれぞれに言い分があるようにみえます。けれども、二つともに全体の一部でしかないと思うのです。ここで問題とされている事柄は、全体としては、まさに「すべてのことをなさる」神を信ずる、大胆な神への信頼に生きる冒険のことだと考えられるのです。神への信頼から出る生活がどのようなものか、すこし例を挙げて説明しましょう。まず、例えば、自由な精神活動に入るために社会的勤務を離れる作家の場合がありましょう。あるいは、従順と良心的理由によって、ある日ある時、名望ある社会的地位を捨てて、困難を覚悟しながら、慎ましくかつ人目を離れて、別のところで最初からやり始める人の場合もあります。パンを水面に投げるというのは、事実として、そのような姿です。わたしはまた、ある若い女性のことを思い起こします。彼女は、世間が好景気の波に乗っている最中に、それまでの女性秘書の地位を捨てて、公益事業の目だたない務めに就いたのでした。けれども、たしかに、国外に移住する貧しい人たちもまた、コヘレトが言うような意味においてパンを水面に投げる人たちです。しばらく前のことですが、ヴァートラント州からカナダへ行く途中、ベルンに立ち寄ったある小作農の一家族がありました。その家族は、もはや生まれ故郷で七人の子どもたちと一緒に生活していけなくなったために、故郷の町に別れを告げたのでした。こうした必要に迫られての国外移住もまた、それが神への信頼から行われたことであるならば、あの約束、すなわち「月日が過ぎれば、それを見いだすからである」という約束のもとにあるのです。聖書にはこうした例について、もっと明瞭に、多くのことが語られています。たしかに、アブラハムは、その住み慣れた父の家や親しんだ身内の者たちに別れを告げて、神の示す地に出て行った時、彼のパンを水面に投じたのでした。また、イスラエルの民が、エジプトでの肉鍋を断念して、水の中、荒れ野の中をたどりつつ約束の地を目指して進んだとき、彼らもまた、やはり、パンを水面に投じたのでした。主の最初の弟子たちもまた、浜辺で召命を受けて立ちあがり、主に従った時、やはり彼らのパンを水面に投げたのでした。たぶん、われわれ自身のそれぞれの市民生活のうえにも、こうしたコヘレトの言葉があてはまる時があることを、われわれは覚悟していなくはならないでしょう。けれども、パンを水面に投じるという事態が生じる時、それはたしかに、神の召しがその人のうえにくだり、そして、力強い神の御手がその人をしっかと捉えた時にちがいないのです。どんな程度、また、どんな時代であっても、富める者にとっては神の国に入ることはむずかしいものです。けれども、注目したいのです。聖書のなかには、安定した生活に対しては何の約束も与えられていませんが、水面にパンを投じた人には多くの約束が与えられているということに。次のような、主の御言葉があることを記憶してほしいものです。「自分の命を救おうと思う者は、それを失うが、私のため、また福音のために自分の命を失う者は、それを救うのである」（マルコ八・三五）。あるいは、「まず神の国と神の義とを求めなさい、そうすれば、これらのものはみな添えて与えられる」（マタイ六・三三）という約束の言葉のあることをも記憶してほしいものです。

「あなたのパンを水面に投げよ。月日が過ぎれば、それを見いだすからである。」この第一の情景は、さらに、次の言葉によってその意味が説明されます。「あなたの受ける分を七つか八つに分けよ。地にどのような災いが起こるか、あなたは知らないからである」(二節)。伝統的解釈によれば、この言葉もまた慈善を施す意味にとられます。たとえば、「受けるよりは与える方が幸いである」とか、あるいは、順境の時にやがての不幸な日のために、不正の富をもってでも友人をつくっておくがよい、といった事柄を思い起こすのです。けれども、この言葉もまた、ずっと日常的な、賢明な身の処し方について語られた助言としてうけとることもできるのです。たとえば、船乗りはその財産を一艘の船に全部積み込んではいけない、というような意味においてです。つまり、現代風に言えば、預金は同じ一つの銀行にだけ入れてはいけない、また、株を買う場合にも同一企業だけに限定してはいけない。もしも、その銀行や、企業が倒産した場合には全部を失うことになるかもしれないから、というような意味においてです。わたしは、これらの解釈の優劣を論じるのではなく、むしろ、その両方を一つに組み合わせて、次のような、第三の、聖書全体からする解釈をとりたいと思います。災いに備えて「一つの分を七つまた八つに分けよ」という、この助言は、単なる理性的判断を超えた、もっと別の方向を指し示しているように思えるのです。不幸や災いが臨むとき、われわれの理性は、普通、力の分散よりはむしろ、力の結集を促します。手もとにある全勢力と資源とを一つにまとめることを、促します。とくに戦争の場合には、相手を打ち負かそうとするならば、まずもって相手方の現有勢力を分散させ、力を消耗させることが、戦略上、肝要です。不幸な事態が生じた時には、何はともあれ、人は、片っ端から有用と思えるものをかき集め、たくわえます。――ところが、コヘレトは言います。「散らせ！」と。聖書は、散らすことの秘義について、特別な秘義について語っています。ハランの地から戻ってきた族長ヤコブは、兄エサウとの最初の再会に際して、不幸な事態の生ずるのを予想した時、自分の従者の勢力を分散させました〔創世記三三章参照〕。また、ギデオンは、優勢を誇るミデアン人との戦いの折に、兵士の大部分を家に帰らせ、ごく僅かの兵を率いてこれに臨みました〔士師記七章参照〕。また、年老いたダビデは、自分に忠誠を誓ったわずかの残りの従者とともに、反逆の王子アブサロムに立ち向かいましたが、その時にもまた、ダビデは、ただでさえ少ない兵力をさらに分割したことが伝えられています〔サムエル下一八章参照〕。この世では、人員の数が多く、力の規模が大きいものに、強さがあるとされますが、聖書では、分散し、少数となったもの、いと小さきものにこそ、不思議な強さが伴うことが告げられるのです。思うに、ここでは、単なる策略からそう述べられるのではありません。ここでは、あくまでも神への信頼、まさに弱いところにおいてこそ力強く働く神への信頼が、述べられているのです。新約聖書においても同様です。聖書では、――たとえ、それがどんなに理性的であり、自明のようであっても――、地上の教会が一つとなって力をたくわえ、そうすることによって強くなるようにとは、どこにも記されていないのです。「団結こそ力なり」という言葉ほど、教会にとって無縁な言葉はありません。団結によって強くなった教会、恐れを知らない教会というのは、神が斥けられるものです。強さは、教会の真の強さは、信仰であり、神への信頼です。したがって、われわれは一つなる教会を信じてはいますが、実際に新約聖書から聞かされるのは、いと小さき群れのことです。しかも、その群れこそは、恐れるなと、絶えず神からの励ましを受けて生きていかなければならない群れなのです。そして、われわれは、こうした小さき群れが――あきらかに神の御意思《みこころ》によって――地上に離散させられているもの、それが教会であることを教えられるのです。キリストの教会はつねにディアスポラの民、離散の民であり、最後のさばきの日まで、そのようにあり続けるのです。近い民、遠い民、東の民、西の民が一つに合わされる、大いなる、最後の集結の日まで、そのようにあり続けるのです。この世は力の結集と陣営固めに信頼を置きます。けれども、神の教会は、分かれてある者を力づけ、風のごとくに「いたるところで御業を実現なさる」神にこそ、信頼をおくのです。コヘレトが、選りに選って、災いに直面して次のように助言するのは、結局は、まさにこうした神への信頼があるためだと思うのです。「あなたの受ける分を七つか八つに分けよ。地にどのような災いが起こるか、あなたは知らないからである」（二節）。

神への信頼を示す第二の情景は水上のそれではなく、陸上の、農作業の情景です。蒔くことと、刈ることが、その題材となります。種を蒔いたり、収穫を刈りとることもまた、安定どころか、たえず風や雨によっておびやかされています。けれども、そうした天候に対しては、われわれ人間は手の施しようがありません。「雲や風に道を与え、これを導く」と歌うことができるのは、神御自身だけです。ここには、そうした荒天候に対する人間の無力さがありありと述べられます。「雲が満ちれば、雨が地に降り注ぐ。木が南に倒れても、北に倒れても、その倒れた場所に木は横たわる」（三節）。そして、それゆえにこそ、人間は種まきや収穫に関して、天候をしきりと気にするのです。けれども、不必要に天候に心づかいするということもあるものです。神を見上げるかわりに、風の気配をうかがうこと切であったり、神に目を注ぐ以上に雲行きに気をとられたりする者は、結果においては何事も中途半端に終わり、結局は何もできないことになります。ペトロは風を見ておそれ、そして溺れました。「風を見守る人は種を蒔けない。雲を見る人は刈り入れができない。」（四節）。だが、神に信頼をおく者、風雨をも支配するのは神であり、神が「すべてのことをなす」ことを知る者は、希望のうちに種を蒔き、忍耐をもって刈り取りをするのです。したがって、ここでもまた、先の船乗りの場合と同様に、神への大胆な信頼の光景が示されているのです。ここでは農夫は、あえて風に逆らってでも種をまき、雲があろうとも刈り取りに励むことを求められます。「朝に種を蒔き、夕べに手を休めるな。うまくいくのはあれなのか、これなのか、あるいは、そのいずれもなのか、あなたは知らないからである」（六節）。これは注目すべき命令です。神に信頼をおく者は、不安からくる恐れを脱し、また、これを斥けるのです。ここに示されていることは、不安の支配からの解放であり、一種の自由です。ここでは、あたかも主御自身がお語りになっているかのようです。「空の鳥を見なさい。種も蒔かず、刈り入れもせず、倉に納めもしない。だが、あなたがたの天の父は鳥を養ってくださる。まして、あなたがたは、鳥よりも優れた者ではないか」（マタイ六・二六以下）。なぜ、われわれはそのことに気づかないのでしょうか。なぜ、人間は不安のとりこになったままでいて、神への信頼に生きる自由の者になろうとしないのでしょうか。

コヘレトは信じています。神はわれわれ人間が幸福であることを欲しておられるのだ、と。神は、われわれが涙するよりも、喜びの中にあることを欲しておられます。風や雲にさえぎられて、もはや太陽が見えなくなるということなどは、決して神の御旨ではありません。幼い人たちが歌っている通りです。「雨や風など、へっちゃらだい。」神への信頼に生きるということは、ここでは、事実として、雨や風をおそれない、ということです。（灼熱をもおそれないでいいのです。）そして、すでにさきに引用した歌に、「兄弟たちよ、頭を下げずにいよう、さもないと、空の星が見えなくなるから」とうたわれる時、ここでコヘレトはわれわれに次のように教えるのです。「兄弟たちよ、頭を下げずにいよう、さもないと、太陽が見えなくなるから！」と。太陽があります！　神が太陽を輝かしておられます。太陽は、聖書の最初の書物にはっきり記されるように、「昼を治める大きな光るもの」です。太陽は、昼をつかさどる大きい光として、あなたの生涯をつかさどります。「光は快く、太陽を見るのは目に心地よい」（七節）。太陽がすべての人びとを照らすように、神御自身が配慮しておられるのです。日の当たらないところにいる人たちの叫び、――「兄弟たちよ、太陽へ、自由へ、光へ向かおう」――という叫びは、神のみこころにかなう大いなる叫びです。神は、人間が喜び楽しむことを、お望みになるからです。もちろん、どんな種類の太陽崇拝も、このコヘレトにはほど遠いものです。「いっさいは空であり」、太陽の光もまた空であることを、コヘレトは決して忘れていません。けれども、彼が、太陽はやがて沈んで真っ暗な夜が来るから、太陽の光がある間にこれを大いに楽しめというとき、また、「闇の日が多いことも思い起こすがよい」（八節）というとき、旧約の賢者とはちがった意味で、われわれはこれを聞きます。われわれは、もはや沈むことのない太陽があることを知っているのです。長い死の夜を克服した勝利の太陽、「不滅の太陽」（sol invictus）を知っているのです。キリストを信ずる信仰によって、われわれは次のように結論します。創造された光にしてすでに甘美なものならば、創造されたのでない光は、はるかに、よりいっそう好ましいものであるだろう！と。言うまでもなく、かの栄光に満ちた太陽を知ったからには、もはや、過ぎ去る日の光はどうでもよい、というのではありません。「光は快く、太陽を見るのは目に心地よい。」人生もまた、それが創造者のお与えになったものであればこそ、美しいものなのです。そしてまた、創造者ゆえに、価値あり、愛すべきもの、生きるべきもの、あえて試みるべきものなのです。そうです、人は皆、人生を享受する権利があるのです。なかでも、特に、若い人たちにとっては、そうなのです。そこでわれわれは、第三の情景に行きあたります。それは人間の生活そのものから題材がとられています。

若者たち。「若者よ、あなたの若さを喜べ。若き日にあなたの心を楽しませよ。心に適う道を、あなたの目に映るとおりに歩め。だが、これらすべてについて、神があなたを裁かれると知っておけ」（九節）。若者よ。心に思い、目に見えるままに喜びをもって人生を生きよ。「吸い込んでおくれ、おお、眼よ。まばたきする合い間に」（ゴットフリート・ケラー）。人生を喜ぶことは、若者にとっては特権であるばかりでなく、義務ですらあります。ただし、その場合、その行なうすべてのことについて、神が責任を問われることを記憶すべきです。ということは、神が定められた枠の中において人生を大いに喜び、楽しめということです。ここで、ふと、考えさせられます。若者たち（！）に喜び楽しめと言い聞かせてやらなければならない時代というのは、果たしてどんな時代なのでしょうか。もしかして、今の時代が、そのコヘレトの時代と似通っているのではないでしょうか。今日においても、ふたたび、若者たちに遊びと、若者らしい大らかさとが求められねばならないのではないでしょうか。あまりにも喜びを失い、あまりにも出世欲にかられ、したがって、あまりにも功利的かつ打算的になっている若者たちに。そうです、われわれはさらに考えたいのです。結局は、どんな時代にあっても、若者が喜び楽しむということは、人びとが一般に考えているほど自明なことではないのではないでしょうか。コヘレトがここで述べているような喜びというものは、はたして、人びとがそんなに無造作に経験できるものなのでしょうか。もしも喜びということが自明のことだとすると、いったい、人びとに喜びをもたらすために神が特別な御業をおこなわれたというのは、どうしたわけだったのでしょうか。いったい、神はなぜ、あの夜御使いをつかわして地上にある人びとに次のように告げ知らせられねばならなかったのでしょうか。「恐れるな。私は、見よ、すべての民に与えられる大きな喜びを告げる。今日ダビデの町に、あなたがたのために救い主がお生まれになった。この方こそ主メシアである」（ルカ二・一〇－一一）。でも、結局のところ、若者たちはコヘレトの勧めに本当に心から進んでしたがうのでしょうか。もしかして、彼らは、喜びのあとにはただ空しさや失望だけが残るのだという不安から気後れしてしまって（やけどした子どもは火をこわがるものです）、あえてコヘレトの言うようには行動しないのではないでしょうか。喜びがすべて失望に終わるのをおそれている若者たちは、もしも「大いなる喜び」と呼ばれるキリストの喜びがないならば、どうしてコヘレトの告げるような喜びを楽しむことができるでありましょうか。

ところで、ひるがえってわれわれは考えてみたいのです。――このコヘレトは、あきらかに、老人です。――こうしたたいへん年老いて、それでいて若者たちに向かって大いに楽しめと勧めている人物から、どこか学生が歌う歌の音頭でもとっているような雰囲気を感じるというのは、いったい、どうしたことなのでしょうか。どこの国、また、いつの時代の若者であっても、彼らは、老人というものが彼らの旺盛な生活に関してはブレーキをかけがちなものでこそあれ、エンジンをかけてくれることはない、と考えているものです。そして、老人というものは、（それには十分な理由があるのですが）

若者の生活についてはいぶかしげに首をかしげ、警告や忠告を数多く語るものなのです。ところが、ここには、自分自身でこの世の空しい喜びをきわみまで味わいつくし、さらに、若者たちに向かっては、その若い日に目の見るところを心から楽しめ！　と呼びかける、ひとりの老人がいるのです。「若者よ、若き日にあなたの心を楽しませよ」という勧告は、先に、パンを水面に投げよと告げ、また、あらゆる悪天候にもめげずに種をまき、刈り取りをせよと語られているのとまったく同様の、大胆な神への信頼です。たしかに、年齢からくる無理からぬ不安があり、その他さまざまの憂いがありましょう。けれども、あえて、神をおそれ、神を信頼しつつ、若々しく、人生を生きるべきなのです。自分のパンを水面に投げ、嵐の時にも朝に夕に畑で作業を続ける人こそ、真に若い人なのです。時代の中で、こうした神への信頼に生きる者にこそ、結局は、あらゆる時代の終極《おわり》を指し示す、あの約束が与えられているのです。「涙と共に種を蒔く人は、喜びの歌と共に刈り入れる。種の袋を背負い、泣きながら出て行く人も、穂の束を背負い、喜びの歌と共に帰ってくる」〔詩編一二六・五－六〕。

第12章　若き日に、あなたの造り主を心に刻め

若き日に、あなたの造り主を心に刻め。災いの日々がやって来て、「私には喜びがない」というよわいに近づかないうちに。太陽と光、月と星が闇にならないうちに。雨の後にまた雲が戻って来ないうちに。

その日には、家を守る男たちは震え、力ある男たちは身をかがめる。粉挽く女は数が減って作業をやめ、窓辺で眺める女たちは暗くなる。粉を挽く音が小さくなり、通りの門は閉ざされる。鳥のさえずりで人は起き上がり、娘たちの歌声は小さくなる。人々は高い場所を恐れ、道でおののく。アーモンドは花を咲かせ、ばったは足を引きずり、ケッパーの実はしぼむ。人は永遠の家に行き、哀悼者たちは通りを巡る。やがて銀の糸は断たれ、金の鉢は砕かれる。泉で水がめは割られ、井戸で滑車は砕け散る。塵は元の大地に帰り、息はこれを与えた神に帰る。

空の空、とコヘレトは言う。

一切は空である。

さて、コヘレトは知恵ある者であり、さらに知識を民に与えた。彼はまた多くの格言を探し出し、吟味し、分類した。コヘレトは喜ばしい言葉を見つけ出そうと努め、真実の言

葉を正しく書き留めた。

知恵ある者の言葉は突き棒や打ち込まれた釘に似ている。集められた言葉は一人の牧者から与えられた。

わが子よ、これ以外のことにも注意せよ。

書物はいくら記しても果てしなく
体はいくら学んでも疲れるばかり。

聞き取ったすべての言葉の結論。

神を畏れ、その戒めを守れ。

これこそ人間のすべてである。

神は善であれ悪であれ
あらゆる隠されたことについて
すべての業を裁かれる。


『コヘレトの言葉』の最後の章の冒頭は、思いやりにみちた言葉で始められます。「若き日に、あなたの造り主を心に刻め。」この警句が思いやりにみちているというのは、この章でコヘレトが告げようとしている内容を考えてのことです。すなわち、彼は、この第一二章において、人間の老年と死について語ろうとするのです。それは、あたかも、われわれの前にめいめいの姿をうつし出す鏡を立てかけるようなことを意味します。もちろん、彼が試みていることは普通の場合とは方向を異にします。普通、われわれは、自分のアルバムをめくり、幼時や青春の姿をそこに見出しては、かつての若い日の自分をたしかめ、多少とも感傷的になるものです。ところが、いまコヘレトが示すのは、若い人たちがやがての日において目にするであろう、彼らの未来のアルバムなのです。もちろん、いまもむかしも、憐れな異邦人たちは、彼が示すのとはちがったかたちで、人間の晩年について語ります。「メメント・モリ」（死を覚えよ）という有名な言葉が思い出されます。だが、死を覚えるということは、まことに悲痛なことです。そのことはコヘレトが誰よりもよく知っています。ですから、コヘレトはいま、ことさらに、「メメント・モリ」とは言わずに、「メメント・クレアトリス」（造り主を覚えよ）と告げるのです。つまり、いのちの支え手であり担い手である方を覚えよ、生と死のすべての上に君臨する主を覚えよ、と告げるのです。こういう思いは、厳粛ではあっても、絶望的な思いではなく、かえって、慰めにみちた思いです。「若き日に、あなたの造り主を心に刻め。」

さらに、コヘレトの思いやりは次の点にもみられます。すなわち、彼はわれわれの老年の日の姿や死について語る時に、これをあからさまに語ることをしないで、譬をもってこれを遠回しに描写するのです。彼は、あきらかに、勇気をもって老年や死を見つめるべきであり、これを恐れてはならないという、意見の持ち主です。老年や死については、これを軽くあしらうこともできれば、大げさに扱うこともできるものです。われわれとしては、ここでひとつ心を整えて、われわれの前に立てかけられた鏡の中を覗き見ることにしましょう。ここではまず、ごく一般的な主張として次のように語られます。「若き日にあなたの造り主を心に刻め。災いの日々がやってきて『私には喜びがない』というよわいに近づかないうちに」（一節）。老いるということは美しいことではなく、老年は「悪しき日」だと、コヘレトは言います。美しき老年という言葉があるにはありますが、老年は美しいものではありません。青春の時期もまた、いつも美しいものではありません。若き日もまた、悪しき日である場合があります。けれども、若くあることは、年老いてあることよりは、相対的に美しいものです。こうした認識は、われわれの感じ方や個人的見解によってそうだというのではなく、老年という事柄の本質からしてそうなのです。老年には、死という身近な隣人が伴っています。そして、死は決して美しくはないのです。死は敵であり、しかも手ごわい強敵です。「死は死そのものの力学をもっており、それによって死は、もともと生の世界に属するはずの領域をも、支配下におくのである」（K・バルト『教会教義学』Ⅲ／2、七一九頁）。死は生の領域を治めようとし、できるだけ深く人間生活の中に攻めこもうとするのです。老化現象は、死が迫り接近していることのしるしです。死がやってきます。そして、死をほんとうに耐え難くするのは、死が神の審判執行の手段だという事実です。死を通して、神の憤りがわれわれの上に臨むのです。もしも死が仏教信者の言うように無害で中性的なものならば、人は平然とした態度で死に向かっていけるでしょう。けれども、死はそんなに無邪気なものではありません。それは神によるさばきの一端であり、「罪の支払う報酬」(ローマ六・二三)であり、それゆえに死は決して美しいものではないのです。そして、さしあたってはまず、病気からくる衰弱のゆえではなく、死においては神のさばきという最後の火が燃えあがるというその理由のゆえに、死の先触れ役である老年もまた美しいものではないのです。若い時には、少なくとも通例としては、老年よりも幾分か、この特殊なさばきの火に距離があります。ですから、青年期は美しいのです。「われらはみんな若いのだ、だからわれらはみんな美しい」――ちょっと図々しい歌曲ですが、若者たちが口ずさんでいるこの歌曲には、たしかに、一斑の真理があり、また、相対的にみて正しいところがあります。そして、そこにまた次の忠告の深い意味もあるのです。「若き日に、あなたの造り主を心に刻め。災いの日々がやって来て『私には喜びがない』と言うよわいに近づかないうちに。」

こうした一般的序言ののちに、老年、そして死に関する、いくぶん解釈のむずかしい比喩がつづきます。最初は、光についてです。厳密に言えば、光が暗くなるということについて、まずはじめに、述べられるのです。われわれは、コヘレトがどんなに太陽を喜ぶ者であるかを教えられます。「光は快く、太陽を見るのは目に心地よい」（一一・七）。けれども、太陽は沈みます。「創造された光」はいつまでも同じ状態にはありません。月や星がのぼってきます。けれども、老年のかすんだ目や、ましてや死者の閉じられた目は何の役をも果たしません。若い頃は、悲しみの日にも、雨の後にはふたたび太陽がのぼるものだと考えます。けれども、老年期には、なかなかそのようにはなりません。雨の日のあとに、また新しい雨の日が続くという風になるからです。家庭生活をもはや正常に回復できなくなった、ある老人の、次のような繰り言もその一つの現われです。彼は語るのでした。「私共のあいだでは、いつも雨の日ばかり続くのです」と。たしかに、コヘレトはこうした止むことのない雨の季節のことを念頭において語っているのです。「太陽と光、月と星が闇にならないうちに。雨の後にまた雲が戻って来ないうちに」（二節）。

このように前置きしたうえで、彼は、われわれが老境に達して身体各部の器官が衰えゆく有様を、丹念に描写していきます。「家を守る男たちは震え。」それは、われわれの腕、手、こぶしのことを指します。家を保護するこれらの器官に、年の深まりとともに、震えがきます。手で書く文字は形がととのわなくなり、糸を針孔に通すこともおぼつかなくなります。「力ある男たちは身をかがめる。」力ある男たちとは脚のことです。年をとるにつれて脚は曲がります。冗談まじりに世間で言われているように、「部下《した》の者たちが、もはや、言うことをきかなくなる」のです。「粉挽く女は数が減って作業をやめ。」文字通りには粉屋の娘たちのことで、年齢が進むにつれてだんだんとその数が減っていきます。ここでは、歯のことを指しています。家畜小屋では、家畜が反芻している有様を指して、今日でも「こなす」という言い方が用いられています。「窓辺で眺める女たちは暗くなる。」窓を通して外の景色を見るというと、どうしてもゴットフリート・ケラーの言葉が連想されてなりません。「眼《まなこ》よ、わが愛する小窓よ。心をこめて一つまた一つ外の景色をもたらしておくれ。いつの日にか、そなたは曇り、光を失うのです。」その目の視力はだんだん衰えます。かつてある人が言っていました。「めがねはどこにいったのだ」と家中を大声あげて探し回るようになると、それは老境に至ったことの現れだ、と。事実、めがね探しは確実に老いのしるしです。「通りの門は閉ざされる。」大通りに面している扉というのは、耳です。聴力が衰えるのです。「粉を引く音が小さくなり。」石臼にあたるのは口でありましょう。そして、粉屋の娘たちというのが歯のことであれば、「ひきこなす音」というのは言葉のことであり、しゃべるのがめんどうになるのです。「鳥のさえずりで人は起き上がり。」たしかに、「鶏と共に早く寝床につく」ようにはなりますが、朝もまた鳥の声で目覚めるのです。子どもの頃、ある年老いたしもべに次のように尋ねたことがありました。朝、馬小屋に行くと、いつも若駒はまだ横になっているのに、老馬はもう立ちあがっているのは、なぜかと。すると、彼はやや不機嫌になって次のように答えました。「あなたが白髪頭になる時まで、待っていらっしゃい。その時になると、あなたはもう、そんな風に若駒はねむっているのに、年寄馬が起きているのはなぜかなどという、馬鹿げた質問をしなくなりますから」と。「娘たちの歌声は小さくなる。」歌の娘というのは歌のことです。歌が聞かれなくなるのです。この部分は二様に解釈できます。つまり、年を取るともはや歌わなくなるということか、あるいは、他の人が歌ってもそれがもはや聞こえなくなるということか、そのどちらかの意味です。「人々は高い場所を恐れる。」これは、おそらくは、梯子《はしご》のような高い所のことが考えられているのでありましょうが、梯子どころか、階段の上り下りも、くたびれてだるくなります。ましてや、山に登ることも息切れがはげしくて、むずかしくなります。「道でおののく。」文字通りには、「こわいものが道でおどかしている」です。つまり、動作がにぶく、重くなりますので、ちょっとした部屋の模様替えによっても、見当が狂ってしまうのです。ですから、出発時刻よりも三〇分ほど早めに駅に出かけるのがよいのです。この部分から後のところは解釈が困難になります。「アーモンドは花を咲かせ。」髪が白くなる有様が連想されます。「ばったは足を引きずり。」おそらく、年寄って不自由となり、ぎくしゃくした歩き方を指すのです。「ケッパーの実はしぼむ。」原文では、ここにカパリスという木の実の名前が出ています。それは媚薬として効果があると言われています。そうした刺激物ももはや功を奏しません。コヘレトは、われわれの生きる力が尽き、死に至る有様を重々しく描写します。「銀の糸は断たれ」、「金の鉢は砕かれる。」「泉で水がめは割られ」、「井戸で滑車は砕け散る。」この一つ一つの比喩的表現によって示されているのが何であれ、その全体としては、コヘレトの目にかけがえのないものが考えられていることは確かです。人間のいのちが途絶える時、それらのものは砕け散るのです。人間のいのちを語るのに、コヘレトは最高に高価なものの比喩を用います。「人は永遠の家に生き、哀悼者たちは通りを巡る」という表現は人が死去する様子を伝え、悲しみがにじみ出ています。まことに人間のいのちは高価なのです。けれども、コヘレトは絶望しているのではありません。なぜなら、水がめは、たとえ粉々に砕けるにしても、それは泉のほとりで、つまりもともと帰すべき場所で砕けるのですから。ヴィルヘルム・フィッシャーは詩編を引用しながらその点を正しく指摘しました。「命の泉はあなたのもとにあり、あなたの光によって、私たちは光を見ます」（詩編三六・一〇)。人間は虚無のうちに失われていくのではありません。なぜなら、「人は永遠の家に行く」のですから。なるほど、「塵は元の大地に帰り」ます。けれども、「息はこれを与えた神に帰る」(三一七節)のです。

ところで、ここで問いが生じます。コヘレトはこの書物を、なぜ、このように若者への特別な提言によって閉じようとしたのだろうかという問いです。彼は、若者にのみこびて、老人はどうでもよいというのでしょうか。結局のところ、コヘレトはある若い牧師のような人物なのでしょうか。その若い牧師は、かつて次のように語ったのでした。すなわち、自分は自分の教会を、もっぱら若者だけを相手とする教会にした。老人たちにはもはや何も理解してもらおうとは思わない。彼らはただ死ぬままにさせたらよいのだ、と。もちろん、われらがコヘレトはそんな風に高慢ではありません。そんなに偏狭な人物だとは思えません。彼は、たしかに、われわれが年老いるにしたがって、だんだん、考え方に柔軟さを欠くようになることを知っています。けれども、彼はまた、若者であっても認識に欠けることを明確に知っているのです。十三歳の人間が最も記憶力に秀でて、難なく物を覚えるのに、四十歳を越えると、普通、人間には新しい認識を持つことが難しくなりはじめるという、こうした人間の一般的認識力の傾向をコヘレトは知らずにいるのではありません。けれども、たしかに、コヘレトは、神のみわざは年齢によって左右されるとは考えておらず、また、老年ゆえのさまざまの支障があろうとも、それによって神がみわざに制約をうけるようなことはないと考えているのです。たとえ老年ゆえの厚かましさから聖書全体を軽んじようとも、あらゆるいのちの創造者であられる方は、「あなたがたが年老いるまで、私は神。あなたがたが白髪になるまで、私は背負う」のです〔イザヤ四六・四〕。コヘレトは次のようなさまざまの場合があることを知らずにはおりません。――アブラハムは、その父祖の地を離れ、親族に別れを告げて、神の指し示す約束の地に向けて旅立つようにとの重要な命令をうけた時、七十五歳でした。だが、モーセが、若気の過ちからエジプト人を打ち殺し、そのことのゆえに、神によって予定されていた大役をまだ担うだけの器でないことを露見した時、彼は四十歳でした。それゆえ、モーセは、エジプトの奴隷状態からイスラエルの民を導き出すという大役を果たすため、なお四十年間エトロのもとで羊飼いの仕事に従事させられ、八十歳の老年に達して後、ようやくにして神の召命を受けたのでした。だが、新約聖書に足を踏み入れるや否や、われわれは、老境に達したザカリアとエリサベトの夫婦に出会うことになります。彼らは老年に至ってはじめて、洗礼者ヨハネの両親になるという、決定的な役目を仰せつかったのでした。そしてまた、神殿における幼子イエスの奉献の証人として選ばれたのは、高齢のシメオンと、ひじょうに年老いたアンナでした。さらに、主が、「あなたが若かった時には、自分で帯をしめて、思いのままに歩き回っていた」と仰せになったのは、若年のペトロについてでしたが、年寄ったペトロには、「年をとってからは、ほかの人があなたに帯を結びつけるであろう」と告げておられます。そして、ローマにあって、その死を目前にしてフィリピの教会の人びとにあの若々しい言葉を寄せたパウロは、すでに頭に白髪をいただく身でありました。「きょうだいたち、私自身はすでに捕らえたとは思っていません。なすべきことはただ一つ、後ろのものを忘れ、前のものに全身を向けつつ、キリスト・イエスにおいて上に召してくださる神の賞を得るために、目標を目指してひたすら走ることです」（フィリピ三・一三―一四）。そして、幼子のようにならなければ神の国に入ることができないと、倦むことなく主が説きつづけられたのは、あきらかに、特に成熟した人たちに対してでした。年老いてどうしようもなくなったかに見える時でも、主は、そのようにはみなされず、また、そのようには仰せになりません。いいえ、いいえ、コヘレトがことさらに若者に向かって、「あなたの造り主を心に刻め」と告げるのは、決して、老人をなおざりにしてのことではありません！　復活の栄光は、老いたる者にも臨むのです。

では、なぜ、事実として、ここにはことさらに「若き日に、あなたの造り主を心に刻め」と言われているのでしょうか。それは、すでに考えたように、若い人たちの享受能力の欠如や経験不足があるためなのでしょうか。もしかして、コヘレトは、バイロン卿と同意見なのでしょうか。同卿は、かつて、嘆かわしそうに次のように語ったのでした。「人生にはただ一つ、やり直しの利かない不幸がある。そして、それは、もはや二十五歳になれないということだ」（A・L・ヴィシェル『運命と完成としての老年』一三六頁）。コヘレトは、若者たちを切羽詰まった思いに駆り立て、そして、「華やかな黄金時代」がほどなく過ぎ去ることを思い起こさせようとしているのでしょうか。彼らが無為に日を過ごして、人生を享受する機会を失うことのないように、と。もちろん、これまでにも見てきたように、コヘレトの関心事は十分に人生を生きるという点にあります。けれども、コヘレトが人生を生きるというとき、それはどんな意味でそういうのでしょうか。たしかに、彼は、「若い日に人生を楽しめ」とは言わずに、「若き日に、あなたの造り主を心に刻め」と告げます。そうです。コヘレトは、チャンスを生かせ、機会をつかめと言っているのです。でも、何のためでしょうか。ここで活用すべきチャンスというのは、人間がその若い日に造り主を確実に知るということです。つまり、告げられていることはほかでもありません。手や足が健全である限りは、これらを創造者の御旨にふさわしく活用せよ、ということです。歯が抜け落ちない先に、創造者が備えられた食卓のものを感謝をもって食べるために、これを活用せよ、ということです。また、創造者がせっかく美しく整えられた世界を、祈り心をもって、しかと目で見なさい、ということです。大きな活字の聖書を用いねばならなくなったり、さらには全然聖書を読めなくなったりしない先に、聖書を読むために目を用いる時、われわれは本当に目を活用したことになります。また、声がかすり声とならない先に、創造者を賛美するために詩編や賛美歌を歌うために、声を用いなさい、ということです。耳の機能が失われる前に、神の国の事柄について聞き、また、老年と死に打ち勝つ大いなる勝利について聞くために、耳を用いなさい、ということです。そして、道をたどり、階段をのぼることができて、面倒がらずにいる間に、神の栄光が宿り多くの兄弟姉妹と集い合える場所に、足繁く通いなさい、ということです。事実、太陽の下で与えられている人生は、一度かぎりの人生です。人はその人生において多くの機会をとり逃してしまいます。それでいて、そのことを重大に考えもしません。たしかに、列車に乗りおくれた経験をもつ人は多くいます。そして、それは別に不幸というほどのことではないと、あとからうそぶくのです。けれども、もしもあなたが、畑の中に隠してある宝を見つけたり、高価な真珠を買い求めたりすることができるのに、そうした機会を逸するのなら、――また、もしもあなたが、ぐずぐずしていて、創造者を覚えることがないままに、ある日、「哀悼者たちは通りを巡って」あなたの死を告げ知らせるということになるのなら、――その結末は想像以上のものがあります。こういう人生は、生きたというよりは、無為に過ぎ去ったのです。

若者が、ほかならないそういう点で、驚くほど認識不足になりがちだということは、まことにショックです。若い人は、その鋭敏な視力にもかかわらず、ほとんど数珠つなぎのように、あのなんとも妙な楽観的幻想の犠牲になってしまいます。そうした幻想について、アーダルベルト・シュティフター（一八〇五－一八六八）のような人物は、次のように書きあらわしたのでした。「人生は、若い人にとっては測り知れないほど長い。人はいつも、自分の行く手は遥かであり、自分はまだほんの僅かな道のりを辿っただけだと思う。そのため人は、あれこれの事柄を、後日に片付けようとして、傍らに押しやってしまう。けれども、いざそれに着手しようと志す時、時すでに遅し、である。そして、人は、あまりに老い込んだ自分に気づく。だから人生は、前方を見渡す時には展望しきれないほどの畑のようであり、そしてまた、最後に人が回顧する時には、わずか指二つの間に入ってしまうほどのものでしかない」（A・L・ヴィシェル『運命と完成としての老年』五九頁）。そうした幻想は、ほとんどすべての若者たちがおちいる特殊な自己欺瞞です。そして、くり返して言いたいのですが、人が傍らに押しやってしまい、シュティフターの言葉を借りれば、「時すでに遅し」といわれる事柄というのが、「あれこれの事柄」だけのことであれば、まあ、そうした事柄はあきらめてしかるべきです。けれども、もしもその事柄というのが、神がわれわれに早くから飽き足らせようとした恵みのことであり（詩編九〇・一四）、そして、われわれがそれを受け取ることを傍らに押しやってしまったのなら、その取り返しのつかなさというものは、なんとも際限なく深刻です。しかし、コヘレトがここに提言しているように、若い人がその日々を活用する時には、まことの奇跡がその若者の上に生じたのです。ですから、この提言は、無理に押し付けられるべきものではなく、かえって、この恵みの奇跡が生じた人には、あたかも目からうろこが落ちたような思いを抱かせるものなのです。そして、その人は、後日、なぜ自分がこうした恵みを長年にわたって拒否してきたのか理解に苦しむことでしょう。そしてまた、その人は、神を抜きにしてきた自分の人生をふりかえって、『ボーデン湖の騎士』の詩のようであったと反省することでしょう。神を抜きにして無為に過ごした年月を悔いをもって回顧する、あの詩です。時と瞬間とを、神の聖にして恵みに満ちた現臨のなかにすごす祝福を得た人は、あとをふりかえって思うのです。神を抜きにして過ごした時と瞬間は、事実として、失われた時であり空虚な瞬間であると。そして、いわゆる「人生における絶頂の時期」について語られる時には、その人は次のようなヨハン・シェフレルの告げる言葉に心から同感するでありましょう。「ああ、われ汝を知るに遅すぎたり／いと高き愛にいます汝を。／ああ、われ汝をわがものと告白するに遅すぎたり／いと高き善にして、まことの平和なる汝を。／われ、汝を愛するに遅きことを／悔い、かつ、悲しむ。」

たとえそれが若い人にとって軽いことのように思えましょうとも、こうした神からの疎外が天の御父によっては軽く扱われないということ、そのことはここで注目しておく必要があります。数週間前に、わたしは一枚の子どもの絵を見ました。その絵から受けた異常な感動は忘れることができません。ある日曜学校の教師が、失われた息子の例え話を語り聞かせたあと、その聞いた事柄の印象を絵に描かせたのです。「まだ遠く離れていたのに、父は彼を認め」と記されている父親を、その子は、双眼鏡を手にして失われた息子を地平線のかなたに探し求める父親の姿として、描いたのです。さながら、神は望遠鏡を通して地上を見おろし、失われた子らを探し求めてくださるのです。たとえ人間が創造者を覚えなくとも、創造者は人間を覚えておられます。キリスト教会は、古くから、受難節のなかのある日曜日を、特に、Reminiscereと呼んで記念してきました。この名称は、次の詩編の言葉の引用として選ばれました。「主よ、思い起こしてください、あなたの憐れみと慈しみを。それはとこしえからあるもの。」（詩編二五・六）。若年と老年とを問わず、創造者を思い出さない人の子らに関して、そうした喪失状態の執り成しの祈りをするにまさって、教会がなすべき、よりよき、より切実な務めはありません。「主よ、思い起こしてください、あなたの憐れみと慈しみを。」こうしたReminiscereの日曜日があるとは、何とすばらしいことでしょう！

けれども、こうした神を覚えるということを欠くならば、すべては空です。「コヘレトは言う、『空の空、一切は空である』。」この書全体の冒頭はそのように記されています。そして、各章を貫いて、そのことは、荘重に、単調にくりかえされます。そして、いまふたたび、最後にいたって、そのように記されます（八節）。コヘレトは、そのことを、歯に衣をきせずに率直に語ります。そして、われわれは、この書に携わるあいだ、いやというほどそのことをわが身に思い知らされます。次の言葉は、明らかに、後に本書を読んだ人が加筆したものですが、それはまさしく、われわれの心境でもあります。「知恵ある者の言葉は、突き棒や打ち込まれた釘に似ている」（一一節）。コヘレトの言葉は、まるで、苦しみを増すためでなく、癒しと助けをもたらすために患部にさし入れられる外科医のメスのようです。ですから、それは、たしかに、「真実の言葉」（一〇節）です。コヘレトはそれらの言葉を、熟考しつつ集め、書き記し、まとめました。それは虚心に記されているだけに、まことの言葉です。ここには、「生きていて、力があり、両刃の剣よりも鋭い」（ヘブライ四・一二）と言われる言葉があるのです。このコヘレトは、自分自身の身を賭して説教し、自分自身において検証した事柄を語っています。わわれわれはそういう印象をうけますので、コヘレトが教える箴言についてはある種の覚悟をもってこれを聞くのです。この書物を読んだ別のある人物はさらに補足して、次のような手厳しい言葉を加筆せずにいられませんでした。しかし、コヘレトはこうした傍注について、おそらく立腹することはないでありましょう。「わが子よ、これ以外のことにも注意せよ。書物はいくら記しても果てしなく、体はいくら学んでも疲れるばかり」（一二節）。たしかに、コヘレトは多くを学び、体が疲れました。（そして、われわれの体も疲れました。）それだけでなく、終わりには一冊の書物を著すという面倒なことまでも手がけましたが、しかし、おそらく、彼以上にあの危険を味わった人はいないでしょう。すなわち、「神は人間をまっすぐに造ったのに、人間はさまざまな策略を練ろうとするのだ」（七・二九）という危険を。コヘレトは、彼自身の学びや著述もまた、あの言葉の審判のもとにあることを、終始、心得ています。「コヘレトは言う。空の空。空の空、一切は空である。」それにしても、われわれ人間のすべての努力は有意義であり有用なのです。そして、われわれの人生は生きるに値するのです。もしも、われわれの人生や努力に限界があることがわきまえられており、その目的が見逃されずにあるならば。

最後に、ただ一つ、空でないことがあります。それは、神を畏れるということであり、また、やがて神がわれわれの行状について責任を問われるゆえに、神の戒めを守るという、そのことです。「聞き取ったすべての言葉の結論。神を畏れ、その戒めを守れ。これこそ人間のすべてである。神は善であれ悪であれ、あらゆる隠されたことについて、すべての業を裁かれる」（一二・一三―一四節）。ですから、神を畏れることが知識のはじまりであり、また、知識の終わりなのです。

参考文献

註解書

1. K. Budde: Der Prediger, in E. Kautzschs Kommentarwerk zum Alten Testament.
2. Franz Delitzsch: Biblischer Kommentar zu den poetischen Schriften des Alten Testamentes.
3. F. Hitzig: Der Prediger Salomo's, Exegetisches Handbuch zum Alten Testament, herausgegeben von W. Nowack.
4. Martin Luther: Ecclesiastes odder Prediger Salomo, aus dem Latein verdeutscht durch Justum Jonam.
5. Anton v. Scholz: Kommentar über den Prediger.
6. Wilhelm Vischer: Der Prediger Salomo, übersetzt mit einem Nachwort und Anmerkungen.
7. Vincenz Zapletal: Das Buch Kohelet.

参考書

1. Karl Barth: Der Christ in der Gesellschaft, eine Tambacher Rede.
2. Karl Hartenstein: Salomo, der Prediger.
3. Ernest Renan: L'Ecclésiaste.

訳者あとがき

このたび、ヴァルター・リュティ著『伝道者ソロモン、人生を生きる！』（Der Prediger Salomo lebt das Leben, Walter Lüthi, 1952）を改訳し、新版を公にすることになりました。初版として『伝道者ソロモン』（一九七五年）を出したのはかなり以前のことでした。テキストである邦訳の旧約聖書「伝道の書」が「コヘレトの言葉」と書名を変更されてからも、かなり時間がたちました。その後、国内では、「コヘレトの言葉」に関心を寄せる人々が増えたようです。ただ、それにもかかわらず、それを解き明かす適当な類書が十分に提供されないせいか、すでに古書であるはずの『伝道者ソロモン』を求める傾向がいまなお濃く、しかもそれが満たされないでいる様子が認められます。

そのようなところから、ただ言葉遣いについては当時よりもやや和らげるように気づかいながら、初版に映し出した著者の意向をできるだけ失わないように努めつつ、本書を送り出します。

（もちろん、本来の著者は実名を伏せているのですが）「コヘレト」というのも個人名ではないのでしょう。「コヘレト」というのは、当時、「ある集会を招集し、そこで発言する人物」をさす、なかば職名のようなものであったそうです。したがって、これまでのようにその訳語としての「伝道者」という呼び名を用いてもよいのかもしれません。ただ、せっかく、職名と個人名との両方の意味合いを兼ねたような呼び名が、邦訳聖書で採用されたのですから、本書では、これまでの「伝道者」を「コヘレト」に言い換えて訳出してあります。

教会の内外において、聖書の述べるところが広く人々に親しまれる機会を提供するのに、本書が役立つのであれば幸いです。

なお、テキストは『聖書　聖書協会共同訳』（日本聖書協会、二〇一八年出版）を用いさせていただきました。また〔　〕は訳者によるものです。

二〇二一年一二月クリスマス

訳　者

著者　ヴァルター・リュティ（Walter Lüthi）
1901 年スイスのギュンスベルクで生まれる。六人兄弟の五番目。幼くして父を亡くし、貧窮の中を母に育てられる。ベルン、チューリヒ、チュービンゲン、ローマなどで学ぶ。ヴィネルツとバーゼルの教会を経て、ベルンのミュンスターで 23 年間牧会。トゥルンアイゼンと共に雑誌『バーゼル説教集』の編集に関わる。名説教者として知られ、多くの説教集を出版した。1982 年逝去。

訳者　宍戸　達（ししど・たつ）
1933 年、山形県に生まれる。1959 年、東京神学大学修士課程修了。元日本基督教団国立教会牧師。訳書に、バルトの『神認識と神奉仕』、リュティの『アダム』以下の旧約講解シリーズや『あなたの日曜日』、ツィンクの『美しい大地』『いばらに薔薇が咲き満ちる』『星を仰いで路地を見よ』他多数。共著に『み言葉の調べ』Ⅰ、Ⅱ他。

コヘレトの言葉
講解説教

2023 年 3 月 31 日　第 1 版第 1 刷発行

著　者……ヴァルター・リュティ
訳　者……宍戸　達

発行者……小林　望
発行所……株式会社新教出版社
〒 162-0814 東京都新宿区新小川町 9-1
電話（代表）03 (3260) 6148

印刷・製本……モリモト印刷株式会社
ISBN 978-4-400-52111-2　C1016

ヴァルター・リュティの本

主イエスの言葉と働き
ルカ福音書１章から10章による講解説教
W. リュティ著　野崎卓道訳

傑出した説教者が戦後の混迷期に力強く語った61編の説教。1編1編は短いが、ルカの伝えるイエスの言動から福音の真理がほとばしり出る。

46判　405頁　本体2300円

祝福される人々
山上の説教抄講解
W. リュティ著　野崎卓道訳

名説教者として知られ、また一連の旧約講解で著名なリュティが、山上の説教の「八福」を取り上げ、祝福の深い意味をやさしく説き明かす。

46判　172頁　本体1600円

ヤコブ
〈新教セミナーブック〉
W. リュティ著　宍戸　達訳

創世記講解説教三部作の最終巻。25-50章、ヤコブとその兄弟エサウ、息子ヨセフを中心に繰り広げられる葛藤と神の摂理の支配。

B6判　370頁　本体2600円

主の祈り
講解説教
W. リュティ著　野崎卓道訳

大戦終結から間もない混迷のから46年にかけて、バーゼルを去る直前に語った力強い12の説教。巻末には貴重な自伝的エッセイを付す。

46判　232頁　本体2000円

十戒
教会のための講解説教
W. リュティ著　野崎卓道訳

徹底的に神の言葉に耳を傾け、現代人が直面する問題に正面から取りくみ、慰めと励ましに満ちた真に「聖書的な倫理」を展開する。

46判　308頁　本体2000円

この日言葉をかの日に伝え
W･リュティ小説教一日一章
W. リュティ著　井上良雄訳

バルトやトゥルナイゼンの盟友、20世紀を代表する名説教者の、アドベントから始まる力強く美しい小説教を、井上良雄氏の名訳で贈る。

B5変形判　684頁　本体6000円　**僅少**

預言者サムエル
サムエル記上講解説教〈オンデマンド･ブック〉
W. リュティ著　宍戸　達訳

初めて歴史書に取り組んだ。冷戦下の同時代的な問題にも言及しながら歴史の中で働く神の主権を証しする。61～63年にかけての講解。

46判　395頁　本体2700円

あなたの日曜日
W. リュティ著　宍戸　達訳

日曜日の真の過ごし方を忘れている現代人に、名説教家として知られた著者が、安息日の意味と礼拝の喜びを滋味豊かに語りかける。

A5判　123頁　本体1900円

預言者ネヘミヤ
ネヘミヤ記講解説教〈オンデマンド・ブック〉
W. リュティ著　宍戸　達訳

第二次大戦の終結をはさむ激動期、遠く紀元前5世紀にエルサレム再建に励むイスラエルの人々へ思いを馳せながら語られた説教集。

46判　248頁　本体2400円

説教・告解・聖餐
〈新書38〉
W. リュティ／トゥルナイゼン著　赤木善光訳

共にスイスの優れた神学者・牧会者が、教会の実存を支える三つの柱の意義について一般信徒にも分かり易いように明快に説く。

新書判　161頁　本体1000円